洞見思路
定義自己

24個改變人生視角的體悟

大學姐 林筱淇——著

推薦序（依姓名筆劃排列）

意外下的美好和成功

柯文哲／前台北市長

有一位老練的創投家告訴我，他在二〇一三年遇到兩件事情，改變了他一生的態度。第一件是有人找他投資拍紀錄片，需要一億元的預算，在當時，台灣紀錄片中賣座最高的是《不老騎士》，票房賣了四千萬元，這已經是很好的成績了。現在這個紀錄片的拍攝成本就要一億元，他第一個反應是：怎麼可能回本？然後當場拒絕這筆「不可能」的投資。但這部紀錄片後來還是找到投資者拍攝了，片名叫做《看見台灣》，創下二．二億的票房。第二件則是有一位年輕的台大醫師朋友告訴他：他在台大醫院的老師要去競選台北市長，希望他能幫忙。他問這位老師是什麼黨籍？我們這位年輕醫生如實說明：他是無黨籍的。創投家立刻回答：在藍大於綠的基本盤之下，民進黨籍都選不上了，無黨籍怎麼可能選上？所以也拒絕幫忙這個「不可能」的市長候選人。你們應該猜到了，這位台北市長候選人，叫做柯文哲。

從那兩件事情之後，他說：「不可能」三個字已從他的字典裡刪除了。「Never say never!」變成他的座右銘。

雖然每一件成功的案例有其運氣的成分，但還是不可以忽略努力的重要。我常說一個人要成功有三個條件：天分、運氣、努力。天分是出生的時候就已經註定了，運氣則是上天決定的，我們自己可以控制的因素只有努力一項。所以法國科學家巴斯德說：The chance favors the prepared mind.（機會有利於有準備的人。）

林筱淇過去九年的故事，最能詮釋這兩件事情，即是努力去完成一件又一件看似不可能的挑戰。只要自己肯努力，在勇氣的加持之下，往往天助人助，一件又一件不可能的任務就不知不覺完成了。她第一次遇到我，是路過我和林佳龍的座談會，臨時起意進去聽了，結果對我留下深刻印象。後來在競選台北市長的時候，我們舉辦了海選人才計畫，她也來報名。隨後一路過關斬將，最終成爲我們的競選辦公室發言人。在整個選舉過程中，她的表現都相當傑出。一個眞正的政治素人，面對國民黨的資深文宣團隊，完全不落下風，打得如火如荼。特別是MG 149事件，面對排山倒海有計畫的抹黑攻擊，努力的辯護證明我的清白。在選舉過程當中，她也提出「改變成眞」的競選口號，這句話成了我們二〇一四年的主要選舉口號。在二〇一四年的選舉結束之後，她短暫的在悠遊卡公司工作一段時間，就回去台中完成她的博士論文。之後除了少數幾次拜訪，少有往來。

我再次遇到她的時候，是二〇一八年春天，她來擔任台北市政府的副發言人。其實我們每天早上七點三十分的晨會就是最佳的政治訓練場，畢竟台北市堪稱市政如麻，又是全國媒體的焦點，每日晨會最後一項就是輿情報告，作爲一個發言人，她必須擬定新聞回應要點，想必壓力很大。後來我們競選連任辦公室成立，她轉往競選辦公室擔任發言人，那場選舉從半年前的大幅領先，到因爲藍綠對抗激化，加上我方一連串的失誤，最後僅僅以三千票險勝。後來我查網路資料，那是我迄今爲止網路聲量最高的一天，想必那個開票的過程眞的太刺激了。

我連任成功後還在猶豫到底應當讓她去哪一個部門工作，台中新當選的盧秀燕市長已捷足先登，請她擔任台中觀光旅遊局的局長，之後她又轉任市府顧問兼影視發展基金會的執行長，負責台中花博、台灣燈會，都表現傑出，卓有功績。而在盧秀燕市長的連任過程中，也出了很大的力，幫忙很多。我看她過去這九年的生涯當中，意外進入政治場域，又意外的進入公務部門，但都表現良好。人生固然有它意外的成分，但是認眞負責努力，才是成功的保證，我在林筱淇身上見證了這個道理。

推薦序（依姓名筆劃排列）

政治工作的體悟與智慧的結晶

盧秀燕／台中市長

非常高興推薦筱淇的新書《洞見思路．定義自己：24個改變人生視角的體悟》。筱淇是一位優秀的女性政治工作者，她獨具慧眼，深入洞察當今社會的政治現狀和未來挑戰，並且在她的職業生涯中積累了豐富的實戰經驗和處世智慧。

筱淇曾經在台中市政府和市府團隊一起共事，她優異的政策規劃能力與執行力，讓人印象深刻。她在管理上也十分用心，努力幫助同仁培養及發揮潛能。回想二〇一八年的「台中花卉博覽會」，和二〇二〇年的「台灣燈會在台中」等超過千萬遊客人次的大型活動，凡是交付到她手上的任務，無論再艱鉅，她都能和團隊一起耕耘出非常精采亮眼的工作成果。

在她勤勞認真的付出下，團隊總是能達成目標，甚至不斷超越期待。我記得由於團隊和筱淇的共同努力，台中市的遊客人數順利突破四千六百萬人次，讓台中成爲全國二十二縣市的第一名旅遊首選城市。團隊和她在台中五百多家的旅宿輔導管理績效，也獲得中央頒發特優榮譽。另外，她和團隊製作行銷台中觀光的影片和文宣作品，獲得日本等國內外大獎高度肯定，爲台中爭光。

筱淇的絕佳溝通表達論述能力有目共睹，而她在管理及行銷領域耕耘多年，將許多管理上的專業概念帶入政治領域，融合理論與實務，是政界較爲少見且値得鼓勵的做法。筱淇的這本著作，不僅僅是一本書，更是她在政治工作上的心得體會和智慧結晶。她以敏銳觀察和深度思考，分析了多年來自己在政治工作中所遭遇的各種不同挑戰，以及她如何憑藉智慧及心態調整，來面對與解決問題。我相信，這本書對於所有關心公共事務和社會進步的人，都具有參考價値，仔細閱讀後將產生反思與啟發，我在此向大家推薦這本値得一讀的好書。

最後，恭喜筱淇的新書順利出版，祝福這本新書很快獲得讀者們的喜愛並且暢銷熱賣。期盼筱淇在未來的職業生涯中繼續發揮才能，爲台灣社會作出更多貢獻！

自從我因緣際會從企業界轉投向政治及公共事務領域，這九年的工作經歷，彷佛一趟又一趟的奇幻旅程，在我的生命裡留下了各種刻痕與印記，也帶來了許多成長與體會。這本書詳實投射出我內心的映照，24個體悟不但改變了我的人生視角，由此產生的洞見也幫助我理清思路，從而得以定義自己。倘若重來一次，我仍然會堅持以人性中的正直良善，來導引自己前進的方向，無論故事結局爲何，回首時也不會徒留遺憾。

有幸出版這本書，首先要感謝時報文化出版趙董事長、宜家編輯、玟利企劃，謝謝我敬重的忘年之交亞哥，謝謝費心爲我撰文推薦的柯文哲前市長、盧秀燕市長、高嘉瑜委員、王世堅議員、徐巧芯議員、黃瀞瑩議員、蔡詩萍局長、楊斯棓醫師，感謝所有曾經幫助過我的親人好友，尤其謝謝我的丈夫 Benny 對我無怨無悔的支持。當然也要感謝因書結緣的各位讀者朋友。

我一直認爲，閱讀就是讀者與作者透過書中文字進行的心靈溝通對話，讀者們帶著問題探索其中，作者則以觀點與想法爲其釋疑，彼此的生命在書中交會並共同徜徉美好。古羅馬詩人莫魯斯（Terentianus Maurus）在其作品中曾說：「根據每位讀者的靈慧，每本書皆有自己的命運。」（**pro captu lectoris habent sua fata libelli.**）由衷希望這本書可以爲讀者帶來一些啟發與反思。

林筱淇
二〇二三年三月初春 台中

目錄

1.1

命運的偶然

「翻轉命運的另一面，不是機會，而是選擇。」

人生旅程路途漫長，有人習慣隨波逐流，凡事聽憑命運安排，也有人認爲一切變化都掌握在自己手裡。我們無法改變先天註定，更不可能讓時光倒流，然而，我們可以藉由個人的選擇，讓命運裡的偶然，爲人生帶來必然，從而改變自己的人生行進方向，創造出不一樣的結果。

在社會上工作及轉換職場，對普羅大眾來說十分稀鬆平常，但是，如果提到一個長年在企業界任職的行銷公關專業經理人，突然間搖身一變，成爲與政治人物相關的幕僚和發言人，這樣特殊的經歷，可能就容易勾起許多人的好奇心。

我投入政治領域大約九年的時間，並不算太長，直到現在，我還是經常被初相識的朋友問起，到底當初是怎麼開始從政的？爲什麼當時會有那樣的決定呢？有趣的是，每當別人聽完我的說明，通常會不禁莞爾而笑。回想起來，一切都是因爲我的選擇所致。

永遠不要失去神聖的好奇心

二〇一三年十二月的某個週五下午，在台中的通豪飯店裡，剛用完餐的我經過了演講廳，門口海報寫著「新政治、新希望、新城市，台北柯文哲與台中林佳龍的雙城對話」，兩位演講主角，一位是即將投入台北市長選舉的素人醫師，另一位則是在台中蹲點十年，對台中市長選舉躍躍欲試的立法委員。我有些猶豫，卻仍然抵擋不了自己的好奇心，突然想起那句話：「永遠不要失去神聖的好奇心。」（愛因斯坦 Albert Einstein）剛好有空檔的我，進入會場，一窺政治議題的堂奧。聽完演講之後，我對柯和林這兩個人，分別留下了一深一淺的印象，林在政界的學經歷豐富且口才便給，然而柯這位素人的談話富含哲學底蘊，似乎更具有感染力。到了春末夏初，我恰巧在媒體上看到報導，已是市長擬參選人身分的柯文哲，突然對媒體宣布舉辦「青年海選計畫」向天下徵才，他強調自己沒有班底，因此徵求庶民、鄉

參加柯文哲與林佳龍雙城對話演講

民和公民加入他的競選團隊。此舉讓我感到十分新奇有趣，於是我速打了一份履歷，然後按下送出鍵。我的動機很簡單，想透過參與這個海選計畫，實地檢視政治素人柯文哲在台中雙城對話所說的「新政治、新希望、新城市」是否爲眞，是否能爲我的故鄉台北帶來改變。

由於我當時正在就讀企管博士班，直覺認爲自己最適合的應該是報名「政策部」，投入都市政策議題的研擬工作。然而當我抵達位於華山文創產業園區的首輪海選活動現場，看到政策部的報名人數最是踴躍，我突然改變主意，轉而走向報名人數最少、大約只有政策部一半報名人數的「發言人」組，我心想如此一來，在當天後續種種流程可以節省較多時間。當我自己在園區走著，一位長相清麗的大眼女孩走向前來，問我是否有意願改爲報名「婦女部」。我在心裡忖度後笑著婉拒。這位女孩J後來在競選團隊婦女部擔任要職，並和我結下了不解之緣。

從海選百態看社會縮影

海選活動現場工作人員穿梭內外，忙得不可開交，我隨意挑了一個位置入座，海選活動的報名人陸續到齊之後，工作人員開始請每位依序上台自我介紹。大部分報名參加者都是年輕人，上台後免不了緊張地支支吾吾才能勉強講完，其中有一些參加者頗有見地，言之有物，說話發人深省。不過也出現了好幾位奇葩，例如有西裝筆挺的參加者，上台後突然拿出一大堆宣傳貼紙貼滿講台和自己身上，把自己當成候選人滔滔不絕地發表政見；也有青春稚嫩的參加者相當注重形象打扮和宣傳，甚至上台前已經以準競選團隊成員的姿態大方接受媒體採訪。我在現場

參加青年海選活動上台自我介紹

看得津津有味，被某些顯然刻意上台表演耍寶的人逗得捧腹大笑，差點忘了自己也是來參加海選的人之一。我旁邊坐著一位年輕男孩，即使蛙鳴蟬噪，他還是不斷蹙眉冒汗，後來藉口要去洗手，就再也沒有回到現場了。

我上台之前，柯P本人似乎早就坐不住，走到現場各個報名攤位前面閒晃，我上台後簡單扼要自介與說明動機，而當我開始描述自己對政治的想像與想法，不知爲何，柯P突然轉過頭來看著台上的我，那是我和他第一次的眼神交會，在那短短的幾分鐘裡，專注且直接。過了幾週，我接到了發言人組的最終面試通知。

穩中藏急　越急越穩

我按照約定時間到達最終面試地點，是一家位於大型百貨商場高樓，裝潢古意盎然、以揚州菜餚聞名的餐廳。另外兩位競爭者正值荳蔻年華，甜美可人，我頓時好生羨慕。面試次序排在最後一位的我，看著兩位妹妹分別走進去面試，結束後一位眼眶泛紅，另一位則是潸潸淚流，猜測可能是被面試過程給嚇哭了。我一邊安慰安撫她們，一邊納悶包廂內的面試會場到底會是什麼樣的景況。

終於輪到我面試，一走進包廂內，映入眼簾的是一張巨大的二十人大圓桌，席間坐滿電視名嘴與資深媒體人。名嘴們沒等我回過神，直接開始輪番提問，我不疾不徐地逐一回答，而後他們則從我的回答中繼續追問。柯P坐在正中間位置不發一語，用老鷹一般銳利的眼神緊盯著我，昏暗燈光下，看不出他的心情，只看到他臉上冷峻的表情。桌旁站著幾位工作人員，架設一台專業攝影機正對著我拍攝，我心中想，也難怪另外兩位妹妹會被這滿場氣勢給震懾嚇哭了。

對我而言，選擇報名參加海選活動是一種人生體驗，即使最後沒有獲選，也沒什麼大不了，重要的是希望能在過程中有所收穫。在這樣的開放心態下，原本個性很急躁的我，也能泰然自若地展現笑容，盡可能保持沉穩優雅。回答完面試考官們的提問之後，我對他們微笑致意，名嘴和媒體人相視點頭後，也回應給我溫暖的笑容，良夜中彼此道別致謝。

忠於心的選擇

等待了一段時間，我幾乎都快要遺忘曾參加過海選的事了。沒想到某天竟接到了電話，通知錄取並請我盡快報到，當時才知道自己一路過關斬將在海選中獲選。腦中混亂迷惘的我，轉念一想，其實只需要投入大約半年的時間，就可以對陌生的政治領域有初步了解，探勘這個陌生世界的模樣，也是一種難得的人生體驗，也許還能藉此擴充職場，開發出其他未知的能力，豐富自己的人生旅程。我忙著收拾行囊回到最熟悉的台北，壓根兒沒想到當時我在單純想法下所做出的選擇，將會改變自己後來的命運。

《德米安．徬徨少年時》作者赫曼．赫塞（Hermann Hesse）寫道：「世上最讓人畏懼的，是通向自己的道路。」若把整個人生比喻爲一段追尋自我的過程，那麼歲月的考驗彷彿就潛藏在某些分岔路口，常令人感到困惑與不知所措。每當徬徨時，最好的做法，是聽取自己的心意，順從直覺做出選擇，就能引導自己走出迷霧，找到方向。花開花落自有時，命運的偶然帶來人生的必然，只是，我們無法預測自己會在人生的哪一個節點上轉彎。我始終認爲，不應該依賴機會從天而降，翻轉命運，只須忠於心的選擇。

1.2

初生之犢

「回首來時，初生之犢不再天真未鑿，
只盼還能心中存真。」

所謂「隔行如隔山」。身爲政治領域裡的初生之犢，心裡對前方的未知感到無比期待，同時也因感受到沿途湧現的高度不確定性而倍覺忐忑。然而，唯有成爲探險家，才能知道自己究竟能抵達什麼境界，於是鼓起勇氣，昂首啟程前往異境。

走進隱身在松江路某辦公高樓裡的柯文哲二〇一四年競選辦公室，門裡整道白牆上，躺著好幾行柯語錄：「我相信有一種東西可以超越藍綠，叫做公平正義……社會資源取之於民，而應用之於民……」旁邊是柯P的親筆簽名。我還沒來得及看完龜兔賽跑的那道比方，只見柯P忽然腳步飛快的走進來，我趕緊跟他互相打了招呼，他對我說：「你去找Y，以後Y就是你的主管。」之後便逕自開會去了。競選團隊共有四位發言人，兩位資深、兩位海選新人，我加入團隊群組並和Y碰面後，正式報到上工。幾天後，Y安排我們兩個海選發言人，隔日清早陪同某議員擬參選人到菜市場學習掃街，並要求我們務必保持低調不曝光。

我則在黑暗之中以熾熱之眼神投向台灣不可知之未來
或許我未來的生命也將從此和這個島國的命運糾纏不清
因為關心自己所在的土地，所以堅持。因為不放棄對後代子孫的責任，所以堅持
我相信，有一種東西可以超越藍綠，叫做公平正義
兔賽跑，烏龜之所以勝利，是因為兔子一直看著烏龜，但烏龜卻一直看著遠方的目標
果你對未來還有冀望，那我們應該一起努力創造台灣歷史的未來
會資源取之於民，而應用之於民

初到競選辦公室報到

四位競選發言人合影

在衝突中學習成長

一早到了菜市場，年輕的議員擬參選人親切認眞，我當然也跟著捲起袖子幫忙，開始賣力掃街，一邊發面紙，一邊跟民衆問候聊天，向熙來攘往的民衆推薦，在夏天的大太陽底下自是被曬得汗流浹背，我忙著發文宣品，就連自己被拍照了也渾然不覺。掃街結束後搭車回到辦公室，突然之間，看到電視午間新聞出現一則獨家報導：「柯P發言人掃街拜票特訓」，我當時既疲累又疑惑，便直接在團隊的LINE群組中發問，想知道爲什麼Y要求我不能曝光，卻又有人把行程和照片提供給媒體做獨家新聞。

當下，團隊中的幾位大咖不太客氣的回應，讓我瞬間感受到責難的重量，我心裡想：「你不覺得我是對的，但我也不覺得我是錯的。」在群組裡你一言我一語僵持不下，身爲團隊中剛報到的菜鳥，這樣在群組中公開提問，的確是頗爲大膽的行爲，難免引發內部議論。後來，這件事在大家刻意的淡化下不了了之，尷尬過了許久才消除。一段時間之後，我才明白，選舉團隊成員來自各種背景，本來就經常會意見不同，吵吵鬧鬧實屬正常現象。沉澱後，我發現自己當時說話有點衝動不夠明事理，也提醒自己應該要收斂脾氣，調整步伐，在團隊中虛心向他人學習。漸漸地，我跟Y及大咖們也恢復了平和關係。

自評六十五分的半新人努力進化

第一次以發言人的身分亮相受訪，是在主持「柯P新政」的政見發表記者會上，犀利的資深媒體人直接向我提問關於之前曾投票支持的對象，並要我爲自己打分數，我笑著回答：「我就是所謂的中間選民，藍綠都投過，我給自己打六十五分。」媒體人對我的老實回答不置可否，可能是想留待日後實際表現再做評斷。我心想自己距離新鮮人太久，能被稱爲半新人就很不錯了，既然目前對政治工作還懵懵懂懂，就當一株成熟的稻穗好好努力學習吧。

主持政見發表記者會是海選發言人的工作之一，我非常高興可以因此深入了解學習各個不同面向的政策，從食安、公托公幼、教育、銀髮照護、交通、道路建設、租金補貼、社宅到公辦都更等等，許多全新的知識菁華帶來衝擊，使我對城市的認知層面不斷加深，每當我有疑問，也會主動詢問專業又有耐心的政策部長官，總能收穫滿滿。

除此之外，在記者會中協助處理政治攻防，也是發言人的職責所在。由於自己第一次參與政治，就剛好遇到這樣一場高壓力、高強度的首都市長選舉，每次主持或召開記者會，現場都會擠滿記者和攝影機，到了媒體提問時間，發言人必須盡可能導向記者會主題，嚴守團隊立場，同時滿足媒體報導需求，因此在現場經常遭遇各種挑戰，必須具備隨機應變、處變不驚的態度和能力。

幸而團隊成員裡面有不少相關經驗豐富的幹部，一方面不斷推進既定時程，完成重要工作事項，例如：政見、文宣和活動，在緊急時刻也扮演救火隊，此外還要不時腦力激盪，把靈感創意化爲可執行的工作亮點，也必須整合各種資源並維持高度執行力，團隊成員不但允文允武，還相當刻苦耐勞，由於希望盡量節約經費，就連一些非常基本的勞力工作，團隊也辛苦地費時費力以手工方式完成。我要求自己盡可能從所有過程中學習，無論是候選人、出席的專家學者、媒體記者、團隊幹部和同事，所有的專業知識、溝通應對和分工合作，不同面向都有值得觀察效法的觀點與創意，我的想法與技能隨之不斷躍進。

見識民間社會的力量無限大

團隊中有各個不同部門和系統共同運作，偶爾也會將任務編組人力重疊協作。當時我也被指派一個有意義且有趣的任務，就是和其他部門的幾位同事一起為候選人尋覓、聯繫及組織「公民顧問團」，包含了和團隊長官們熟識的交通界、藝文界、社運界、體育界等各界大老級人物，這些大老們在各自的專業領域成就與名聲斐然，但他們本人卻一點架子也沒有，既謙遜又客氣，有的人還力行簡樸，隨手提著環保帆布袋就來開會，對於團隊中的年輕人都不吝用心提點，充分展現前輩的一流風範。

另外團隊也邀請來自各個產業的職人或公民代表來參與公民顧問團，提供自身對城市發展的建議，並拍攝影片向大眾分享看法，當然，後來還有更多的政策智囊團加入。過程中我聆聽了許多來自社會不同領域和角落的人，對於城市的真實心聲與期待，我常不由自主沉浸在各個故事和想法的感動中，久久不能自己。

當時，我感覺團隊好像在無形中逐漸匯聚了四面八方的力量。如同保羅．科爾賀（Paulo Coelho）在《牧羊少年的奇幻之旅》所寫的：「當你真心渴望某一件事，整個宇宙都會聯合起來幫助你完成。」無論是公民顧問團、總後援會、地方後援會、

在後援會大會
師現場主持

與公民顧問團賀陳旦顧問及
任將達顧問合影

和總幹事姚立明在競選辦公室合影

總部和地方志工，每個組織、團體或個人，都是獨一無二的存在，秉持著想幫助城市變得更好的心意，在了解柯P提出的願景、理念和核心價值觀之後，一起集結力量無私地協助團隊，創造珍貴無價的社會網絡，連結人、連結想法、連結這座城市。我因此見識到社會上無窮無盡的民間力量，個人眼界與心境頓時開闊。一個政治領域的初生之犢，勇敢冒險想換取無可取代的經驗，隨著歷練逐漸增加，不再天真地橫衝直撞，只期盼蛻變之時，還能在心中留存幾分與生俱來的率真。

1.3

做中學

「只有『做』或『不做』，沒有『試試看』。」

——尤達

以前我常運用美國管理學大師科維（Stephen R. Covey）提出的時間管理四象限法則（4 Quadrants Principle），依照重要性（Importance）與急迫性（Urgency）的高低程度劃分四個象限，將工作與待辦事項於各象限中妥善分配，有效率的完成工作及管理時間。不過，在我進入政治領域工作之後，發現有越來越多的例外，也就是說，事情常來得又急又快，不但既重要又很急迫，有時候面對突發緊急任務，甚至必須邊做邊學、邊學邊做。

加入團隊初期，我每天研究新聞輿情和執行被指派的任務，主管Y對我說：「好像不曉得還能教你什麼了，以前我們也是沒什麼人帶，不然你就自己邊做邊學吧！」於是請我陪同另外兩位活動部的資深幹部參加一些拜會行程，分別到政黨辦公室、外縣市候選人的總部等地方拜訪，可惜似乎都只能走馬看花。當時我不禁擔心，時間就這樣一天天過去，是否會在這次的職涯中留下一大片空白。還好偶爾能參與一些特別行程，稍稍紓解了我的焦慮不安。

在城市行腳 走讀城市真貌

我認爲別具意義的行程，是參與由政策部門規劃的城市小旅行，跟著柯P及團隊成員深入城市各個區域行腳，例如：商圈、重要建築、文化場館、社區、國宅、公園等等，參訪中也會與在地的團體代表簡單座談，傾聽及交換意見。透過城市小旅行，我驚訝地發現，自己雖然在台北出生長大生活了二十多年，卻不知不覺地侷限在自己的生活圈及工作區域範圍內，我對整座城市的歷史脈絡紋理、現況需求及未來發展的了解，可以說相當不

在競選總部活動開始前蒐集新聞輿情

參加台北調專輯活動

競選辦公室觀看柯P新政影片

足，身爲一個台北人，想來實在慚愧。這樣的我，在許多次的城市小旅行工作中可說毫無貢獻，默默看著政策部和文宣部的同仁合力發揮專業，我在一旁就像一塊海綿拚命地吸收學習。

講你要講的 其他別聽

時逢盛夏，知名學者及政治前輩M一應允加入團隊，馬上造成轟動，因爲M擁有獨特經歷和政治光譜，媒體與大眾熱烈廣泛討論M的加入會帶給柯團隊什麼樣的改變。當M第一次出現在辦公室時，忙到僅能和我拍攝一張合照，無暇和我對話。然而，經過一段短暫時間之後，M十分細心地注意到我和另一位年輕發言人尚未能有所發揮。當時，M要求讓我們兩位海選發言人每日共同參與晨會，並且決定乾脆由自己來擔任教練。對我來說，導師終於翩然現身，讓我心中欣喜不已。

M雖然很忙，態度卻總是和藹客氣，而且有問必答，我和M相處起來感覺非常愉快。在開會及辦公之餘，我開始跟著M跑一些行程，也就是到各個電視政論節目現場觀摩學習。很快的，我就體會到M每天開車趕場的龐大時間壓力，我也訝異於M在緊湊行程中，還能夠大量蒐集最新情報，同時進行快速精準分析的高超能力。

在分秒必爭的電視台，M帶著我一一介紹給主持人和來賓認識，這樣的帶領和提攜，讓我非常感激與感動。當節目開始，主持人、M和來賓在每一段的發言、提問及論述，總是精采萬分，讓我看得目不轉睛，導師如此多次實地示範，對我而言非常受用，我就這樣站在電視台攝影棚的角落觀摩學習，隨著次數增加，一點一滴的學習累積。

有一天，我忍不住問M：「節目上通常有好幾位來賓輪番發言，萬一自己來不及記下，來不及逐一回應，該怎麼辦才好呢？」M看著我淡淡的說：「講你要講的，其他別聽。」頓時我恍然大悟「原來如此！」當然，在導師提點之後，自己也必須觸類旁通、靈活運用才行。所謂的「其他別聽」指的是，要避免掉入其他來賓不同立場的論述邏輯中，而非關上耳朵完全不去聆聽其他來賓的說話內容，否則若當下需要反擊或辯論時，又如何能及時反應。

為惹火女性的失言風波滅火

暑氣未散的初秋，柯P在赴嘉義市輔選時談話竟冒出「櫃檯說」，而後又在對醫學生內部演講內容中，自爆所謂的「洞洞說」，連續兩次關於女性議題的失言，瞬間引發各界非常大的反彈聲浪。對手陣營開始不斷發動攻擊，民意代表和婦女團體也接連表達抗議及強烈不滿，柯被批評撻伐為不尊重女性的沙豬，並且被要求必須正式向所有女性道歉。這是團隊第一次遭遇到大型危機處理，尤其，還是如此棘手的性別歧視議題。團隊幹部向柯P說明事件嚴重性，並建議後續處理方式，在柯P的臉書上也貼出道歉貼文。這時，團隊需要指派發言人出面回應，主管Y說：「海選發言人有一位也是女性，不如就讓她出面回應。」雖然沒有太大把握，我還是毫不猶豫的接下任務。

身為女性，我心裡自然對柯P這兩個說法不以為然，我明白女性在職場上面臨的諸多困境和不平等待遇，是經歷過許多有志之士長年努力奔走才得以改善，而且未來其實還有很長的路要走。人們總說女性撐起半邊天，女性對家庭和工作的付出並不亞於任何男性，每當看到或聽到有人在言論上對女性不尊重或貶低，總讓人難過且不平。

然而職責所在，我仍然必須先去了解這兩種說法背後的動機及原因。而後我站在女性立場向柯P直言，請他必須以同理心換位思考，並在受訪時爲這些不當說法誠懇的向女性道歉，同時也拜託他身爲公衆人物，日後不能夠再有這樣的想法和這般白目言論，以免對廣大女性造成傷害。我把自己認爲該說的建議都一股腦說完，柯P聽了之後沉默不語，我只能猜測他已經理解和接受了。

處理「櫃檯說」和「洞洞說」不容易，我僅僅扮演一顆小螺絲釘的角色從旁協助，最後失言事件順利平息，歸功於團隊的專業和齊心協力，所幸候選人的支持度並沒有受到太大衝擊。經過這個過程，我對於政治活動中

到電視台政論節目現場觀摩

的主角失言可能造成的效應和影響，有格外深刻的認知和體會。後來，團隊也共同努力尋找方法防微杜漸，盡可能避免類似事件再度發生。當時團隊裡的我們還沒有預料到，另一場更大的風暴正在醞釀成形，朝我們急速迎面撲來。

只有「做」或「不做」沒有「試試看」

我很喜歡的電影角色，《星際大戰》裡的絕地武士大師尤達（Yoda）在訓練天行者路克（Luke）時說：「只有『做』或『不做』，沒有『試試看』。」（Do or do not, there is no try.）我從做中學的經驗裡理解到，有時候既重要又急迫的事，可能根本沒有時間和空間讓人嘗試，所以，我養成一旦任務來了，就立即蒐集情報、擬定行動方案盡快完成的習慣，執行時或許會遇到困難與阻礙，最重要的是保持正面思考，用決心與行動去突破克服。而M對我說的那句：「講你要講的，其他別聽。」後來也成爲我在上政論節目之前，經常提醒自己專注及避免犯錯的座右銘，使我終身受用。

主持記者會現場澄清說明

陪同柯P出席演講活動會後受訪

陪同柯P出席活動會後

陪同柯P出席演講活動

1.4

古典大腸花

「在植物所生長的土壤裡，是由供給量最少的元素，決定植物的產量。」
——利比希

來自四面八方的團隊成員，必須能凝聚共識及培養團隊精神，以利組織達成任務實現目標。日本學者赤松要（Kaname Akamatsu）提出雁行理論，指出當雁鳥採V型集體飛行時的效率，比單飛時高出七成，雁行方式可以幫助雁鳥快速破風達陣。一旦團隊合作可以如同雁鳥集體飛行一般，目標一致整齊劃一，許多危機和問題必定都能迎刃而解。無論順境或逆境，團隊成員能否互相陪伴支持，能否以自身長處補足他人短板，對團隊成果將具有關鍵性影響。

背靠背團結挺過風暴

在「櫃檯說」、「洞洞說」的連續失言風波稍歇之後，團隊還沒來得及喘一口氣，另一個MG149風暴隨即襲來。對手陣營開始大肆爆料發動攻擊，甚至將來源不明的不實文件散布給媒體。正當團隊在爲如何清楚說明傷透腦筋時，柯P毅然決定公開所有MG149財務帳目資料，供媒體和大衆檢視，光明磊落的爲選戰豎立公開透明的正面示範。團隊主管也都尊重柯P堅持「寧可斷一手一腳，也要爭取道德正當性。」的理念作爲，畢竟選戰最終結果主要還是由候選人來承擔。同時，看到柯P的另一半——陳佩琪醫師竟然保存了這麼多年的財務單據，大家都感到非常訝異。

由於醫療屬於高度專業，在台大醫院外科加護醫療經費MG149帳戶中累積多年的公帳、個別帳與SICU私帳，各個項目的收入與支出十分巨量龐雜，即使團隊重要幹部經驗豐富，整個團隊仍然耗費了非常大量的精力與時間，設法快速仔細的梳理資料，盡可能彙整重點詳列。

團隊火速備妥帳目和新聞資料之後，在記者會上正式公布，一筆一筆詳實且列得密密麻麻的帳目資料，就連專業媒體人看了，頓時也會感到非常難以消化，除了候選人以外，團隊成員皆非MG149帳戶相關當事人，說明時吃力不討好，可是無論如何，所有該做的準備工作還是得確實完成。面對對手陣營擠牙膏式的不實爆料，團隊決定尋求法律途徑處理。除了透過記者會及新聞稿詳細說明，電視台政論節目邀約也紛紛接踵而至，MG149案一時之間成為被引爆的火線話題，受到全台民眾注目，此時所有發言人必須全數出動，到各個政論節目上澄清謠言、面對質疑。

一個沒有政治經驗的海選發言人，突然到政論節目現場回應高度複雜的議題和政治攻防，團隊許多人都十分關注，可能是擔心我會否幫忙滅火不成，反倒變成提油救火。我事先準備好說明內容及資料，就這樣上場，幸好沒有失言或闖禍。後來陸續再受邀到其他政論節目，我從觀察中很快地評析出對方幾個發言代表的策略與套路。例如，有的發言代表一現身，會煞有其事的在桌上丟出整疊宣稱是MG149的相關爆料資料，有的則常會說出似是而非的言論。對方陣營可能認為，我方很難在節目現場每輪僅短短幾分鐘的發言時間內，清楚說明帳目的複雜細節，而且也沒有人會去仔細檢視他們桌上那一大疊所謂爆料資料的真假，因此就趁機大打烏賊戰，在現場製造壓迫感，企圖混淆視聽亂帶風向，我在節目現場盡可能逐一因應破解，最重要的是維持冷靜、頭腦清晰，並且盡可能做好準備。

回顧二〇一四年的那場選戰，MG149可說是過程中壓力值最高的一場危機。大眾在媒體上看到的或留下印象的，可能只有候選人、主要幹部及發言人，然而實際上，在幕前幕後的團隊裡，每個不同部門都必須同時對內部及外部團體和個人進行溝通、爭取最多支持，還有隱身供給糧草的後勤部隊，大家非常辛苦地背靠背團結作戰，最終一起挺過MG149風暴。如果當時沒有各部門良好的團隊合作，實在不可能順利克服困難、化解危機。

逆境下的友誼

成員在一開始加入團隊的方式大致分爲幾種，有些人透過海選計畫加入，大多是二十多歲的年輕人，較無相關經驗卻勤奮有熱忱；有一些社會人士來自柯P從前參與的團體，和柯P互動熟稔；另外則是來自於政黨的政治幕僚以及助理等，這樣的組成，讓這個團隊集結各路人馬，年齡層、背景與專長充滿多元差異。當時的我雖然隸屬文宣群，但也經常跑到位於不同樓層裡的組

記者會現場大陣仗

和婦女部同仁掃街

織部、青年部和婦女部互動交流，其他部門的專業工作甘苦都各有不同。

婦女部的姊妹們常舉辦女性相關的音樂表演、電影賞析、座談等別緻的主題活動，另外也會分別與柯文哲母親及陳佩琪醫師出動到夜市及商圈掃街；青年部舉辦的活動則都很貼近年輕人關注的網路時事議題；而組織部除了辦理校園及單位演講、各地掃街活動等，還負責監票部隊近三千人的招募籌組作業。我偶爾會跟隨婦女部或組織部的同事，陪同候選人到各區域的傳統市場、商圈夜市等熱鬧的人潮聚集地點掃街，有時候幫

陪同婦女部同仁
掃街發放文宣品

主持大遊行活動北市府終點集結

主持大遊行活動自由廣場出發集結

烈日之下站立數小時主持活動

與志工團合影

忙拿著麥克風宣講，或幫忙維持人潮排隊秩序並協助合影，即使喉嚨反覆嘶啞燒聲，隔天仍然照常上工。能夠走到每個現場感受候選人在該區域的人氣高低與風評，也許辛苦費時，卻能得到最直接深刻的民意反饋，很值得候選人和團隊作爲重要參考。

有時候，當壓力逼近臨界點，發發牢騷也是人之常情，偶爾和角落小夥伴抱團取暖，讓緊繃的情緒減壓，快速回復到良好的工作狀態，不失爲一種可行的工作方式。有句諺語說：「順境帶來友誼，逆境考驗友誼。」能一起挺過逆境的友誼，會歷久彌新。記得當時，我經常和在婦女部工作的J到辦公室附近的玫瑰園餐廳裡點上一盞茶，兩個人互吐工作苦水，後來還有其他人加入，彼此傾訴工作上遇到的困難，並且幫忙設法解決，成了一個宣洩壓力的另類管道。由於一起喝茶吃飯的其中一些夥伴，以前曾參加過太陽花學運，故而這裡的取暖聚會，就被我們以惡趣味取名爲「古典大腸花」。當時的我，因爲擁有這些陪伴與支持，才得以適度減壓，維持穩定的工作表現。

團結的個體構成堅強的整體

在組織裡，化解危機最快速有效的方法，通常是透過目標一致且穩定有效的團隊合作。如果把團隊比喻爲供給不同營養元素的土壤，那麼工作成果就像是從土壤中生長出來的植物。德國化學家利比希（Baron Justus von Liebig）曾在最小因子定律（Liebig's Law of the minimum）中分析土壤與植物產量的關係，研究結論認爲植物的產量是由植物所生長的土壤裡，供給量最少的元素所決定。每個團隊成員各有長處或短板，成員之間能否團結互補，共同爲土壤裡缺乏的元素增量補強，將影響最終的植物生長結果。唯有團結的個體，才有可能構成堅強的整體，所有追求成功與卓越的團隊，都應該具備這樣的基本認知。

參加競選總部活動

四位發言人餐敘討論

1.5

通往勝利的階梯

「人才就像是領導者的階梯。
人才，決定領導者可以到達的高度。」

回顧我在職場工作的二十多年，每個組織都是求才若渴的，曾聽過太多的領導管理者吐露過人才不好找、人才留不住的苦惱與感嘆。而在聞名於世、追求卓越的大企業中擔任要職的領導管理者，幾乎也都是一流人才鑑賞家。無論時代如何轉變，對人才的需求始終迫切，我嘗試從自己有限的經驗和印象中，尋找關於人才的定義和典範。

好人才的條件

每個領導者和組織都想得到人才，無論是從外部招聘新人，或是培育內部現有員工，過往寫在人才管理教科書上，所謂組織可透過「選、訓、育、留」管理及發展人力資源，在實務上徹底實踐具有一定難度，因爲這和領導者重視人才的程度高低有相當大的關係。每當招聘新人的時候，許多領導管理階層心中看重卻不好說出口的關鍵職能判定方式，恐怕還是人才的「卽戰力」，也就是可以馬上上手幫助組織和團隊作戰的能力。具備卽戰力的人才當然很難尋找，而能夠管理擁有關鍵職能員工的高階人才，就更是不可多得了。

美國《麥肯錫季刊》（*McKinsey Quarterly*）早在一九九八年一月由 Elizabeth G. Chambers 等人所撰的〈人才的戰爭〉（*The War for Talent*）一文中，就明確指出高階人才的標準是「擁有適應能力、能在高度不確定的情況下迅速做出決定，以及具備駕馭劇烈變化的能力。」卽使已經過四分之一個世紀，這樣的定義卻仍然能切合現代社會對人才的需求，可見好人才的條件，足以跨越時代獲得認同。眞正的一流管理人才，可以長期靈活的將團隊與戰略戰術計畫互相搭配，並促使人才發揮出最大的實力。說到這樣的高階人才，我聯想到那位當時在團隊裡被公認爲頂尖一流人才的C。

好階梯的啟示

C是團隊裡的第一把好手，不但曾經擔任過傳奇人物的智囊與文膽，更參與過許多大大小小的經典戰役。當時，由於柯P在政治相關經驗上較為欠缺，因此對於才華橫溢又有豐富實戰經驗的C可說是十分器重，每日殷殷期盼C能出謀獻策。行事低調的C一向惜字如金，開會時從不高談闊論，每天待在辦公室的時間也不算長，但彷彿都在仔細觀察著每位團隊成員的個性與能耐，偶爾和成員交談，也以拋出問題居多，引導團隊成員培養獨立思考的能力。經過一段時間之後，成員總是習慣以C馬首是瞻，無論柯P指派什麼樣的團隊任務交到C手裡執行，最後都能得到良好的回饋與成果。

還記得某次，C突然交付撰寫臉書貼文的任務給我，當時臉書及社群剛剛興起，我對臉書生態的了解還相當有限，也認為原本負責發文的同事十分專業，我又何必妄自談文。然而，C拋出了幾個不同議題，要求我大膽嘗試書寫，沒有把握的我百般拖延，直到C催促之後才勉強寫完交出，沒想到這幾篇文章在內容幾無修改的狀態下，直接被使用在柯P的臉書上。幾篇貼文各獲得了幾萬個讚數，當然，也伴隨著各種正反意見，使我不禁開始反思臉書作爲溝通媒介，對大衆產生影響力的優缺點。

對比現今臉書在行銷溝通上的不可或缺，C當時決定採用臉書作爲主要對外溝通工具的做法，的確開創先河，而願意直接將議題交給年輕團隊成員發揮靈感並採納運用，也是頗爲大膽的冒險實驗。使用臉書的宣傳溝通成本，比傳統媒體低廉許多，是網路社群媒體的一大優點，C可能已經看到社群媒體的未來發展潛力，將爲每個世代帶來衝擊與改變，因此強化了團隊在這方面的適應能力。而對團隊成員來說，柯P和C願意不斷給予寶貴機會，在成員嘗試後就算不小心犯錯，也有雅量不加苛責，且願意共同面對，這樣的做法逐漸贏得了團隊成員們的好感與認同。

在我腦海中留下深刻記憶的，還有那場世紀大辯論。那一天，雙方人馬齊聚在受到全國關注的辯論場上，兩位不同陣營的主角微笑握手，展現君子風度先禮後兵，對手帶領幕僚群擺出大陣仗，現場氣氛顯得詭譎而緊張。由於辯論結果極可能會左右選戰的關鍵成敗，面對排山倒海而來的強大壓力，團隊成員各個神經緊繃，能做的卻似乎只有不斷深呼吸。鈴響開場之後，各自表述的幾個段落自然沒有意外，直到對手陣營的主角沾沾自喜的拿出準備多時的材料大肆發動攻擊，口沫橫飛的批判，並不斷加大質疑力道，沒想到說時遲那時快，柯P展開絕地大反攻，憑藉鏗鏘有力的論述順利穩住局面，同時出乎意料之外的拿出眞憑實據的文件證明清白，以淸晰明確的證據說服大衆，只見對手的臉頓時被打得啪啪作響，當場瞠目結舌、無言以對。當辯論會結束時，柯P獲得了滿堂彩，對手陣營恐怕已知大勢不妙，無力回天。

原來，C早已爲柯P備妥回應資料及證明文件。爲時數個月的情報蒐集分析、翻譯校訂研究、魚雁往返溝通，甚至多次協助柯P私底下模擬練習，保密到家。當群衆爲那場辯論戲劇性的演變拍案叫絕的時候，只有我們的團隊知道，一個原本可能會是核彈級的危機，就這樣被提前化解於無形。至於C到底是如何洞燭機先，究竟怎麼提前料到對手的出招，除了天賦直覺以外，我認爲應該是來自於從豐富實戰經驗中累積出的敏銳判斷力。

歸根究柢，C的才能卓越，團隊成員們因爲心中敬佩而產生行爲服從，甚至認爲能幫柯P和C執行任務並得到認可，是十分光榮的事，團隊的凝聚力由此而生。

2014首都市長辯論會

此外，C的管理方式，可以讓人才獲得尊重與發揮，願意主動分工協力。有這樣的團隊，充分展現效率又無須領導者格外費力，就更能夠專注於投入經營其他外部事務。如果說人才是領導者通往勝利的階梯，則當時在我們團隊中的C，就是好階梯的最佳典範之一。

通往勝利的階梯

在充滿不確定性的時代，人才是組織中最寶貴的資產，因爲人才能夠協助組織妥善對應內外環境變化，創造無限價值。產學界經常把人才當成是重要的人力資本。人才的標準會因爲產業而異，人才的定義也沒有固定通則，畢竟，智商可由量表測得，學歷可透過求學取得，專業技能可藉由時間累積，人類的某些工作甚至已經可由人工智慧執行。如今越來越受到領導者重視的，是人才的品格，因爲品格是一種無可取代的個人特質，例如正直和忠誠，對於任何組織和領導管理者而言，都會格外珍視。

然而，縱有再多重視人才的領導者願意三顧茅廬、禮賢下士、視人才如瑰寶，在許多組織中卻仍有些位居上位者不明白這個道理，任性的將人才用過卽丟、棄之

掃街活動現場協助維持秩序

趁空檔閱讀資料

如敝屣。一旦缺少了人才，美好的願景和目標都是海市蜃樓，策略或計畫也淪爲紙上談兵。倘若領導者把組織中的平庸之輩視爲人才來對待，結果輕則搞砸鬧出笑話，重則引發各種連鎖不良反應，有時還須勞煩領導者自行出面收拾善後。換句話說，越重視人才的領導者與組織，通常成就越高，反之亦然。既然好人才可以爲領導者戰鬥，則領導者更應該爲了找到人才和留住人才而付出時間心力。

想要成爲人才，必須把自己打造成一座具備關鍵職能的好階梯，這是每個人才的使命。而若想成爲成功的領導者，就應竭盡所能，找到能幫助自己通往勝利的階梯。

競選總部意象前留影

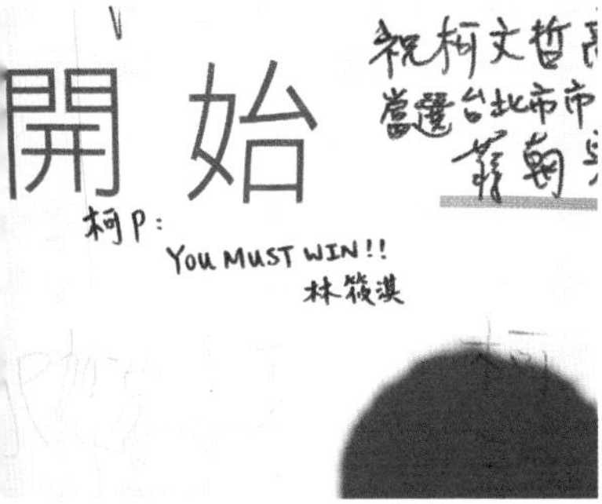

活動帆布留言

1.6

改變成真

「成為你想看到的改變。」
——甘地

二〇一四年盛夏的某個下午，辦公室裡的幾位同事與我一起爲柯P競選標語展開腦力激盪，我開始回想自己回到台北參與這場選戰的初衷。想起前一年冬天曾在台中聆聽過柯P「新政治、新希望、新城市」的演講，我期待他爲我的台北故鄉帶來新的及好的改變。的確，我正是爲了改變成眞的期待而來，而團隊夥伴和支持者匯聚在此，希望幫助柯P實現願景與價值，改變台北的未來。於是我靈機一動，拿起筆在白板上寫下了「改變成眞」這四個字，最後有幸被採用作爲選戰的競選標語。

柯P七步走活動打卡

政治素人柯文哲崛起的時空背景

以二〇一四年當時的大環境而言，台灣內部面臨的社會問題如高齡化與少子化現象日趨嚴峻，資本主義導致的貧富差異、不平等、高房價等現狀持續惡化，社會剛歷經洪仲丘事件與太陽花學運這兩個大型社會運動的雙重衝擊，強烈震盪後的紛亂帶來高度不確定性。台灣對外則受到長達七十九天的香港雨傘運動間接影響，使得台灣民衆對於香港實施的一國兩制政治制度產生負面觀感。因爲這些現象及事件，年輕世代投入公共事務的意識被喚醒，也更加關注政治局勢、政治人物以及台灣的未來發展走向。

當時藍綠兩大主要政黨分別推出台北市長候選人，國民黨提名連戰之子連勝文，欲接棒執政八年的郝龍斌，由於連勝文出身政治世家，一被提名即出師不利，遭外界批評爲權貴世襲，在整場選戰中一直無法降低年輕世代的相對剝奪感；而民進黨從地方縣市長選舉到總統大選接連遭遇多次挫敗，仍處於低潮；在無黨籍獨立參選人柯文哲對比式民調高於立委姚文智的結果出爐後，民進黨決定禮讓柯文哲，派出政治幕僚協助柯並提供政界人脈資源，以和柯成立「在野大聯盟」的新模式，在首都爭取勝選機會。

向記者說明

台灣政壇的破壞式創新——二〇一四年柯文哲勝選背後的政治意涵

柯文哲在當時是政壇上從未出現過的政治素人，具備先行者優勢，就如同企業在現有市場推出全新產品。柯文哲身爲台大醫院急重症醫師、葉克膜權威及台大醫學院教授的多重身分，行醫二十多年拯救患者於生死之間的故事，感動了無數人，

大遊行活動終點大批人潮聚集

也獲得許多民衆的敬重。而柯氏語言的直白風格與獨樹一幟的個人特質，徹底顛覆台灣政治人物總是話中有話、欲言又止的慣例，吸引媒體及全台民衆目光。柯文哲誓言推倒藍綠高牆，在選戰初期以年輕族群支持者爲核心，在中後期快速向各族群擴散，不但獲得許多高知識菁英青睞，還有淺藍淺綠及不分政黨的中間選民高度支持，成爲藍綠以外的第三勢力新選擇，甚至產生外溢效應，連帶使得全台各縣市的藍綠政治版圖因此重組。

以往台北市民總是必須從極其有限的選項當中挑出一位來投票，但當時在柯文哲這位無黨籍且獲高支持度的市長候選人出現之後，終於讓政黨政治產生微妙的化學變化。換句話說，國、民兩黨推出的候選人，台北市民未必一定買單，無黨籍的候選人，台北市民也未必不會買單。雖然後來也有一些人認爲柯文哲在二〇一四年勝選，是因爲獲得民進黨禮讓及協助，但實際上這只能歸納爲部分原因之一，畢竟，中間選民和年輕族群的投票意向與行爲，並非任何一個政黨可以輕易左右的。

這一場台北市長選舉，之於台灣政壇的政治意義相當重大，我稱之爲台灣政壇的破壞式創新。

我從親身參與的經驗及觀察中歸納出三個重點：

一、「**公開透明**」——例如，公開競選經費、主動宣布停止募款，和面對質疑時光明磊落公布財務帳目的做法。

二、「**開放政府，全民參與**」——例如，舉辦海選計畫徵才加入競選團隊，以及招募志願者組成監票部隊。

三、「**超越藍綠**」——例如，跳脫傳統政治意識形

主持記者會

競選總部前民眾夾道歡迎柯P

主持競選總部活動

街頭宣講

態框架，推倒藍綠高牆，訴諸愛與擁抱而非悲情或群衆激情。

前述這些做法，對於政界而言是大膽實驗，起初被認爲只能訴諸小衆，而後來成功從小漣漪匯聚成滔天巨浪。

除此之外，值得一提的還有柯團隊在網路科技與社群媒體方面的大量運用，主要目的是爲了節省經費，因柯支持度在選戰初期，侷限於熟悉網路卻對政治較冷漠的年輕族群，使得對手陣營輕忽且不以爲意，剛好爲柯團隊創造了利基。柯團隊利用網路社群的人際弱連結，不斷以文字、圖卡及影片，傳遞理念價值與政見的強訊息，網路社群快速擴散的特性成爲政策溝通的最佳載具，當對手陣營意識到這一點時，早已被柯團隊遠拋在後而處於劣勢。

柯文哲與團隊爲台灣政壇帶來的破壞式創新，注

陪同柯P母親掃街

主持競選總部活動

入活水攪動並催化台灣政治動態的巨幅轉變，使政壇不再如同以往，不再像幾乎停止流動的一汪靜水。如今雖然許多政治人物也開始普遍運用網路社群工具，或模仿某些前述做法，卻再也難以找到集結關鍵要素的成功組合。很可能是因爲這些政治人物過度注重華麗包裝，或盲目跟隨流行語彙，卻忽略了民眾眞正在意的是從政者的核心價值是否值得信賴，以及從而展現的言行是否長期一致。

成為你想看到的改變

在柯文哲獲得逾八十五萬票，宣布當選第四屆台北市長之前的那幾個月裡，團隊成員們常一起走在大大小小的台北街道上，數不清有多少次熱情的呼喊著「改變成眞」、「改變台灣從首都開始，改變台北從

接近開票結束即將迎向勝利

在開票晚會現場帶動氣氛

開票晚會現場主持人準備

主持1129開票晚會活動

文化開始」。看著原本稀稀落落的三兩行人，隨著團隊努力耕耘，逐漸增加爲一群接一群的密集人潮，無論是小型演講或中大型活動，活動參與者從原本僅百位千位，擴增爲數萬人甚至是數十萬人。在勝選的那一晚，在台上協助主持開票晚會的我簡直不敢置信，在聽完柯P上台進行勝選演說之後，才熱淚盈眶的跟大家一起慶祝台北這座城市迎來「改變成眞」。經過這一切，使我感受到，與其寄託不可預測的環境變化，不如相信自己的信念及想法，努力堅持直到終點。

隨著時代快速變遷的台灣社會，仍存在許多社會問題需要被重視及解決，如果只提出批評而沒有付諸行動，一切都是空談。領袖哲人甘地（Mohandas K. Gandhi）曾說：「成爲你想看到的改變。」（Be the change you want to see in the world.）當前台灣擁有的一切，也正是由前人採取行動點滴累積而成。二〇一四年的首都市長選舉，對柯團隊而言是一場艱辛而美好的戰役，許多緣分交織在未知裡，鍥而不捨地共同將理想敲打成形，憑藉著信念在黑暗中所踏出的每一步，都在時間之沙留下腳印。

7
柯文哲
choice
台北願景
TAIPEI VISION
改變台灣從首都開始
改變台北從文化開始

1		
2	5	8
3	6	
4	7	9

1 開票晚會現場大批支持民眾
2 市場掃街活動爭取民眾支持
3 街頭發放文宣
4 演講活動後爭取民眾支持柯P
5 街頭宣講
6 協助掃街舉牌
7 街頭宣講
8 市場掃街舉牌
9 市場掃街宣講

1 陪同柯P市場掃街
2 競選團隊夥伴於開票晚會結束後合影
3 陪同柯P妻子出席活動
4 夜間市場掃街舉牌
5 擔任活動主持人
6 在市場掃街發放文宣爭取支持
7 活動結束後的夥伴留影
8 活動一隅
9 柯P勝選後數日回辦公室收拾座位

第2章

2.1

探勘未知

「當你走到光線可及的最邊緣，踏入未知的黑暗中，有兩件事情可能會發生：你不是踩在堅實的東西上，就是學會如何飛翔。」——理查．巴哈

贈柯P墨寶在市長辦公室留念

人生高低起伏隨緣而動，隨著年紀漸長，學會抱持平常心面對及看待所有變化。我在柯文哲首次當選台北市長之後向他告別，二〇一五年我曾短暫到悠遊卡公司擔任發言人約半年時間，隨即回到台中繼續攻讀博士班學業。時間飛逝，倏忽三年。在那三年之中，偶爾和柯P聯絡多是彼此關心問候，好幾次我到台北市政府市長室探望柯P，只見他的頭髮變得越來

越花白，足見其工作忙碌程度。後來陸續幾次和柯P往返溝通後，我在二〇一八年春天，正式到北市府秘書處媒體事務組報到，擔任副發言人一職。

不安於現狀

安逸使人怠惰，我認爲自己距離雲淡風輕的日子尚且遙遠，而且唯有不安於現狀，才可能留下更多的生命軌跡。理查．巴哈（Richard Bach）在《天地一沙鷗》（Jonathan Livingston Seagull）書裡的描述很貼切：「當你走到光線可及的最邊緣，踏入未知的黑暗中，有兩件事可能會發生：你不是踩在堅實的東西上，就是學會如何飛翔。」人生免不了在探勘未知的各種挑戰裡遭遇失敗，或者，學會飛翔。

對我來說，再一次讓職涯轉向，投入到公務部門歷練，也是難能可貴的經驗。原本還算安穩的生活面臨變動，希望人生能擁有多一些不同的體會，待年老時回憶起甘苦酸甜，可以覺得不枉此生。我在進入北市府工作之後，開始明白什麼叫做市政如麻，忙著努力熟悉媒體事務組以及各局處單位人員及業務內容，而其中有一個幫助我更加快速深入了解業務工作的方式，就是參加在週間工作日早上七點半舉行的晨會。由於二〇一四年競選時期也有晨會，因此，我很快地重新再次習慣了這個例行公事。

七點半的柯市府晨會——「恭己正南面」加「親勞於事」

有些人對晨會感到好奇，事實上，晨會除了參與人員層級較高，與其他的府內會議在本質上並沒有太大的區別。每天七點半的晨會，在媒體上似乎被塑造爲能代表柯市長和團隊勤勞任事的表徵。將時間往前推，柯P在台大醫院任職期間也有晨會，由科內醫師進行患者個案報告及狀況討論，可能因爲如此，而使他習慣於晨會模式。按理說，每天早晨七點半府內長官們在會議室「恭己正南面」，應是爲了效法古代的舜一樣「舉衆賢在位，己不親勞於事，恭己無爲而天下治」的「無爲而治」。然而實際上，在了解更多專案細節後，柯P仍然親勞於事，有時候晨會甚至從早上七點半一路開到十點半。有次我無意間得知，在市長室同時列管的專案竟高達一萬多件，頓時感到相當不可思議。

晨會開得勤勞的最大好處，我認爲是使市府各局處許多進行中或懸而未決的重大專案主責人員，可以直接在晨會中提出重點及問題癥結，與長官共同討論，凝聚共識後快速決行，如此一來可大大增進行政效率及效能。而柯P和重要高階主管也能夠在晨會中深入了解各局處運作情況，直接下達指示或協助構思解決方案。當然，

陪同柯P前往活動前

陪同柯P公務行程

晨會也難以避免會伴隨一些缺點，例如：公務員的工作時間被拉長了，必須在七點半晨會開始前，提早一到兩小時到辦公室準備開會資料，開完晨會後剩下較少工作時間，因此常必須加班，對於公務員維持職場與家庭平衡，勢必有所影響。

成大事者尊重包容不拘小節

「市長，再次向你確認是否聘任筱淇，這是簽呈。」站在柯P面前詢問的，是R。回想起那位內向到戴著帽子口罩，需要我幫忙開道陪同才敢面對媒體說明MG149案的R，我幾乎無法將當年的R和面前這位聯想成同一人。而人生各種奇特的緣分，往往在不經意時出現，彼此之間交互纏繞。在我先前某次探望柯P時，R曾遞給我一張名片，要我去拜訪政界資深前輩H，我也因此和H結緣。

H在年輕時曾是某大型企業的發言人，也在中央和地方政府分別擔任過相當高階的重要職務，而今已成爲成功的實業家及媒體人。我初次拜訪H相談甚歡，H的泱泱風範讓我印象深刻，這位前輩將我視爲後進，往後一直不斷提點及照顧，直到現在，我和H仍然維持良好的互動及友誼。而由於H在二〇一八年也擔任無給職的北市府市政顧問，和北市府副市長J熟識，我也因此常到J的辦公室交流請益，因而越來越熟稔。

有時候我會特別留意觀察H和J對於市府專案業務工作的看法，想了解這兩位資深的政界前輩，是如何依據過往的經驗做出決策，H的風格謙和圓融，有他在的地方，工作氣氛總是特別和諧愉快；而J偶爾會分享自己預計要協助柯市長完成專案的方式，並且詢問在場幕僚的建議。從H和J身上，我看到成就大事者常不拘小節，即使對於立場相左或看法不同者，也會予以充分尊重與包容，以溝通化解歧見而後收服人心，H和J十分高明的管理方式產生的具體成效之一，就是帶領的團隊所展現的強大向心力。

日夜轉動的大小齒輪讓城市順利運行

由於北市府並沒有新聞局的編制，因此關於北市府的重大新聞發布、市長行程通知，以及媒體採訪邀約等，多是透過媒體事務組安排執行，媒體事務組的人員數量很少，工作量則非常大，也經常需要在假日輪值，以服務並滿足台北的媒體報導需求。媒體事務組經常從早到晚伴隨長官在行程中往返奔波，同時需大量聯繫溝通，以及準備新聞稿及照片等資料提供媒體使用，承受著與時間賽跑的高壓，一旦出錯，又會面臨使市府公信力受損的後果，是相當不簡單的工作，非凡磨練下造就各個組員能力超群。

眾所皆知，北市府員工素質及工作效率是地方政府中的翹楚，北市府的預算員額約七萬人左右，每個局處業務各有困難及龐雜之處，依靠著市府中日夜不斷轉動的七萬個大小齒輪，爲台北市民創造了良好的生活品質，讓城市得以順利運行。在北市府工作時期，我持續認知到公共服務永遠沒有最好，只有更好。多年後回想起來，這段在北市府服務的時期並非白駒過隙，而是我生命中一段光速成長、體會深刻的充實時光。

牙醫師後援會成立大會

和學姐在競選辦公室合影

中午到北市府地下室吃快餐

2.2

被討厭的勇氣

「心，決定自己的所在。它可以把地獄變天堂，也可以把天堂變地獄。」——約翰. 彌爾頓

在我剛到台北市政府服務時，除了研究市府政績，也會特別去檢視過去幾年間關於市府的大小事件，無論是引起評論及爭議的，或是使民調數字大幅升高或跌宕的，都引起了我的關注。在一件件努力爬梳的過程中，心中開始產生一些疑惑，不明白是否有某些情況被隱藏或被誤解，爲免衆口鑠金，只能靠親身了解眼見爲憑。

北市府各局處的忙碌程度並不亞於大型民間企業，所有行政都必須遵循法規，以專業導向爲市民做出貢獻，剛進入公部門，對於法規相對陌生，一切都必須靠自己加倍努力。出乎意料之外，我在這份工作中不斷地在人心與人性之間碰撞震盪；幸運的是，我能夠一直堅守原則，努力實踐自己的理念價值，並且沒有失去被討厭的勇氣。

講真話是工作職責

媒體事務組幾位幹部的工作之一，就是每天早晨在會議中向長官分析輿情、提出預警及建議。台北市是全台灣的政經中心，媒體的密度也是全台最高，在高速競爭的網路時代，即時新聞數量與發送頻率已不可同日而語，我曾聽過記者朋友提到，自己在工作日必須每天產出將近二十則的即時新聞，數量相當驚人。在這樣的情況下，說話總是直白自帶新聞哏的柯P，就特別能夠滿足大量的媒體報導需求，也因此在公開行程中幾乎都會安排媒體訪問（堵麥）時間，讓柯P回應市政議題和熱門時事。然而，言多必失，高受訪頻率以及多篇幅報導可以帶來高聲量，但如果分析結果發現負面聲量的占比過高，就必須馬上進行了解，並且迅速調整處理。台北市長身為首都地方政府機關的代表人，言行洞見觀瞻，而身為幕僚的職責之一，就是必須盡可能協助維護市府和市長的正面形象。

有時若柯P不慎失言引發風波，我會和同事向柯P陳述反映真實狀況，不厭其煩地直言建議他盡快為了失言而道歉，提醒他日後應避免。柯P曾無奈笑著說，回想自己從前在台大醫學院擔任教授時，在學生面前是一位很有威嚴的老師，如今在北市府工作，卻必須經常接受身邊員工警示與提醒，甚至還需爲失言公開道歉，心中感慨這之間的差異未免太大了。雖然柯P不見得每一次都會道歉，卻還是會配合調整收斂，當然，可以預期的是，他仍然還是會有下一次的失言。因此就連多年來深受柯P信任的幹部R，也曾開玩笑的說柯P是：「道歉認錯，絕不改過。」

被討厭的勇氣

R是一個奇特的存在，對上忠誠、細心勤奮、有執行力，但R在很多方面的作爲，外界評價貶大於褒。從一個勤於傳達指令及追蹤執行成效的內部執行者，轉變爲產生強烈自我意識的個體，R開始從某人的影子中，逐漸走到鎂光燈前。回溯許多相關報導之後，再對照眼前的R，態度與行爲背後的因素錯綜複雜，無法直接以善惡二分法劃分。許多問題的起源，可能是被授意執行指令，也可能是無法壓抑自身對權力的渴望，被多重因素交互影響著。

在各個會議現場偶爾會發生一些情況，令人難以忍受。大多數與會的人通常會沉默以對，反正當會議結束也就與自己無關，可是，溝通的過程跟結果同等重要，

幕僚須隨時留心活動現場的情況

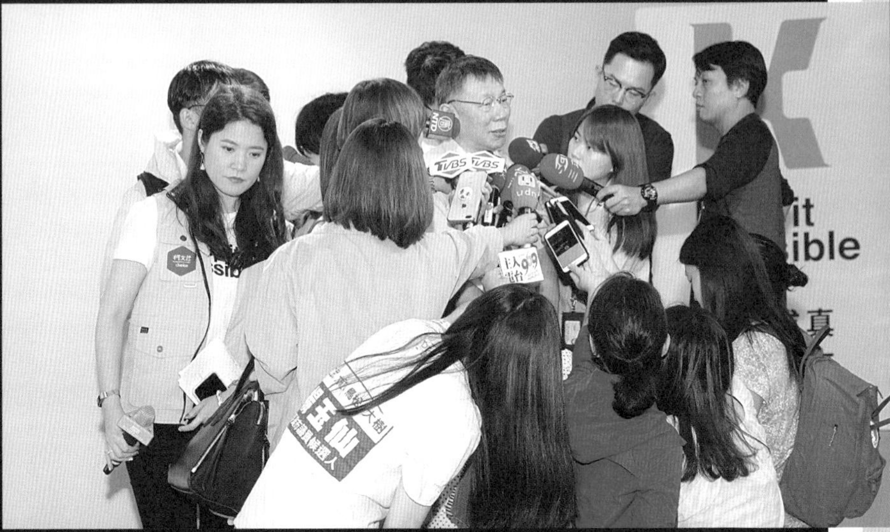

活動結束後留意柯P受訪時的情形

維持前進動線暢通

在活動現場負責說明

人的尊嚴與價值，不應被隨意無視與扭曲。況且，開會本就是爲了解決問題，而不是製造更多問題。有人說「人性看得穿，人心看不淸」，說眞話會得罪人，對自身不利。卽便如此，我還是認爲應該爲所當爲、言所當言。有一次在內部的一場例行性小型行銷會議，過程讓我記憶猶新。

當年輕員工報告工作進度並提出建議時，R面露不悅的說：「這件事情爲什麼會這樣處理？你是豬嗎？」R在只有少數幾個人的會議中，突然對某位年輕人吐出這句話，年輕人瞬間眼眶泛淚，無法應答，衆人瞠目結舌。然而，讓R大動肝火的，其實只是一件非常微小的事，我不明白爲何需要如此飆罵。我忍不住對R說：「你用這樣的字眼指責別人，眞的恰當嗎？這件事情有這麼嚴重嗎？」R轉頭直視著我，怒不可遏對我說：「你知不知道你這樣做很危險？」而我淡然且毫不遲疑地對R說：「我覺得老闆有你這樣的人在身邊，才是眞的危險。」

諸如這樣的場景發生過很多次，其實我早已記不淸自己有多少次對R的恣意妄爲直言不諱。我心裡惦記的是，只要我在這裡工作一天，就必須改變類似像這樣的錯誤情況，無論後果如何，人性的良善不能因畏懼權勢而黯淡。

奧地利心理學家阿德勒（Alfred Adler）說過，人類所有的煩惱都是來自人際關係的煩惱，心態健全的人，不會試圖改變對方，因爲對方如何看待你，是對方的課題。經過和R相處的這些日子，我認爲自己與R的人際關係能否維繫，一點都不值得我在意，只要我心中清楚自己所做的是正確的事情，即使可能被討厭也沒有關係。我想，這大概是我與生俱來的少數天賦——被討厭的勇氣。

實踐核心價值「眞、善、美」

記得以前柯P曾說，一個人不願意拿出去跟別人交換的東西，叫做「核心價值」。我認爲，其實所謂的核心價值必須實踐，否則如果只說不做，就如同懸掛在牆壁上的華麗畫作，至多僅發揮外表的美觀功能而已。一旦可以透過實踐力行，將核心價值轉化爲眞實行動，爲其他人帶來各種實際助益，核心價值存在的意義才會眞正被彰顯。

多年來在我心中不願意與他人妥協或交換的核心價值，就是「眞、善、美」。聽起來好像有點落於俗套，做起來卻不太容易，簡而言之，就是堅持說眞話、做實事、不爲惡、不傷害他人，言語和行動表裡如一，盡可能讓社會因爲我而變得更美

園遊會活動中的幕僚視角

好。用一顆單純的心包裹著理想性和利他主義，讓我在面對壞的情況時也能盡量保持樂觀。

英國詩人約翰．彌爾頓（John Milton）在《失樂園》（*Paradise Lost*）詩中說：「心，決定自己的所在。它可以把地獄變天堂，也可以把天堂變地獄。」（The mind is its own place, and in itself can make a heaven of hell and a hell of heaven.）所以，無論什麼樣的際遇，一念天堂，一念地獄，都是由自己的心態決定。

2.3

對立與調和

「人格如同樹木，名譽就像樹蔭，樹蔭是我們的看法，樹木才是真實的東西。」——亞伯拉罕．林肯

以前有一部非常受歡迎的電影《神隱少女》（日文：千と千尋の神隠し），其中幾個讓人印象深刻的配角，例如完全沒有存在感的無臉男，想引起千尋的注意，於是吞下青蛙人，以青蛙的聲音說話，拚命大吃因而身軀變形，以法術變出金子受到追捧，內心卻無比寂寞，直到千尋讓無臉男吞下解藥（河神的丸子），無臉男才終於變回原本的模樣。另外，還有迷途被美食陷阱吞噬而變成肥豬的千尋父母，日夜勤奮工作的鍋爐爺爺和煤炭球們。在職涯中，我偶爾會聯想到這部電影裡的角色，也會想像著，希望世界上眞有河神丸子的存在，能令過度膨脹的人吐出權力慾望與貪念，回歸原本眞實的自我。

每一個組織中的人物形形色色，規模越大，人際關係越複雜，必須彼此相處磨合，甚至在

對立角度下調和出共識。合作不代表沒有衝突，而是設法管理衝突的程度與範圍，直至工作進展能夠順利推動。常見有領導者設立了清楚的目標，但組織卻仍走上平庸或衰敗之路。美國管理顧問吉森斯（Greg Githens）在《策略思考》書中所點出幾個可能的原因假設，像是內部的自傲、「當好人」文化（講別人想聽的話）、官僚制度（過度重視位階對決策的意義）、對外部環境波動變化和複雜度的忽略等，而這些相關的種種問題，需仰賴正直有能力的人才，積極防微杜漸。

對立與調和

記得在北市府的大會議室牆壁上，懸著「一堂和氣」四字題詞，開會時與會者都會看到這偌大的四個字。談到懸而未決的陳年舊案，最容易火氣上升，例如大巨蛋工程案、長達四十餘年的社子島限制開發案、延宕十幾年未解決的大灣北段違規住宅等，必須一再重複抽絲剝繭、梳理細節，實在是相當費神又勞心。回顧這些歷史課題，有些與會者忍不住想探究政策制定者和決策過程。時過境遷，當年的決策者和承辦人早已各奔東西，如今擔當的承辦人也無法完整說明當年決策思維與過

幕僚最重要的工作就是
幫忙團隊解決問題

和大力推動居住正義的林洲民局長及秘書合影

程，因此縱使有與會者抱持不同意見，結論往往會趨於一致，認同應就事論事解決問題，避免泛政治化，才可以回應民意期待。

由於各個局處單位都有許多新計畫必須加速推展，因此，要優先處理長年累積的沉痾並不容易。有一次我請教團隊裡執行力優異的L，如何在無比忙碌的情況下，率領團隊同時管理數十個大型及超大型專案，L笑著指自己說：「因爲有我在呀！」L是一個全心戮力從公的榜樣，尤其L放棄國外穩定高階工作回台工作，擔任公職後堅守法律規範與專業操守，具體推進許多城市建設的大進展，不但勤於解決問題，更不斷爲團隊預警風險。在對立與調和之間，若說有哪些充滿意義而且值得回憶的場景，那必然是由良善正直、卓爾不群的人才所構築出來的。

與昔日盟友分道揚鑣

隨著市長連任選舉時間點接近，許多傳言開始沸沸揚揚，討論綠營是否會維持二〇一四年在台北市禮讓柯P的合作模式。當時，柯團隊內部有兩股不同的力量在拉扯，有一方認爲可爭取繼續與綠營合作，避免團隊在資源極其有限的情況下，被迫面臨複雜且難度極高的三角督選戰；另一方則主張，既與民進黨已爭執不下，道不同不相爲謀，應徹底分手走自己的路。不同的意見與力量在柯團隊傾軋，內外部環境交迫，使柯團隊暗潮洶湧、裂痕處處。

自二〇一五年至二〇一八年的數年間，一連串事件使柯綠關係生變，民進黨支持者對柯P漸生不滿，例如：柯的兩岸一家親言論、多名民進黨籍局處長離職後和柯的負面言語紛爭、柯和民進黨籍議

柯P和陳景峻副市長接受前台中縣副縣長暨電台主持人陳雨鑫訪問

陪同柯P到選委會登記參選

員間的劍拔弩張，以及柯質疑蔡英文總統所提出的台灣價值說等。柯和綠營之間不斷對槓，即使柯P曾試圖表態願意合作，民進黨最終仍決定自行提名立委姚文智參選台北市長。

二〇一八年五月中旬，柯P和綠營的合作正式宣告破局，柯團隊內部已預期到即將面對一場非常艱辛的三角戰役。而柯P支持者的光譜，也從當時開始產生質變，從中間及偏綠逐漸向中間與偏藍位移，開始吸納了某些不認同民進黨做法的藍營支持者。而後的數月，全台局勢更遭遇「韓流」帶來的劇變與侵襲沖刷。

又見海選——過來人將心比心

二〇一八年夏天我離開北市府，再次協助柯P競選台北市長，柯P和我都不再是當年的政治素人，他準備

2018年海選發言人記者會

爭取市長連任，而我從當年被海選的發言人，轉而成爲協助競選團隊籌辦海選徵才的發言人。當時我是團隊裡僅存的二〇一四年海選活動參加者，將心比心，我希望二〇一八年海選也能帶給所有參與者獨特意義。放眼政壇，少見候選人透過海選方式徵才，其實海選的優點，是能夠吸引來自不同背景領域的人才，對於有心投入政治工作的年輕人，也可提供正當安全的管道，不失爲一個雙贏的模式。

海選活動收到的報名信件十分踴躍，團隊和我仔細檢閱履歷，篩選出一些合適人選展開面試，最終選出了兩位優質的年輕發言人，其中一位是實習醫師，另外一位則曾短暫在北市府局處工作過。我回想起當年自身經驗，希望能協助這兩位年輕發言人盡快適應，因此主動和其他人藉由各種活動幫忙培訓，例如舉行記者會、接受廣播專訪，我也提供自己的設備與空間，讓他們練習拍攝影片及運用自媒體宣傳，而後安排他們主持活動及參與政論節目等強度較高的工作，兩位年輕發言人都十分認眞學習與進步。

無論短時間內培訓出的專業程度如何，在過程中我持續密切觀察，最重視的還是品格是否具備正直誠信的特質，我不斷提醒，絕不能因爲個人不恰當的行爲而影響整個團隊。美國總統林肯（Abraham Lincoln）說：「人格如同樹木，名譽就像樹蔭，樹蔭是我們的看法，樹木才是眞實的東西。」樹蔭大小並非操之在己，但至少可以透過自身努力，當一棵値得信賴的、昂揚而立的樹木。在培訓一段時間之後，由於柯P不希望因爲自己的選舉而影響年輕醫師關鍵實習期，因此忍痛勸退其中一位海選發言人回到醫院專注實習，競選發言人團隊維持爲三位，共同扛起接下來在選舉中的各種任務挑戰。

四位發言人一同接受廣播主持人蔡詩萍專訪

2.4

凝視深淵

「與怪物戰鬥的人，必須小心不要讓自己變成怪物。
當你長久凝視深淵時，深淵也在凝視著你。」
——尼采

組織文化是組織得以存續的精髓，現今無論是公部門、學術界或民間企業，都相當重視組織能否永續發展，組織和團隊的良莠參差，關係到組織文化的形成與累積，連帶也影響組織的長期發展。每當組織中有不良風氣出現，大多數成員會選擇與之同流、獨善其身，又或者是與之抗衡，關鍵在於領導管理階層是否重視誠信正直，是否將誠信正直的價值觀融入組織長期推動。當然，組織成員對於組織文化也具有共同責任，在一個經營成功的組織裡，願意爲組織文化做出正向貢獻的每一分子，都是成功不可或缺的元素。

許多在政壇從事黨公職的政治人物，都會參與公部門或政黨的組織運作，同時也擁有屬於自己的團隊，無論團隊成員的工作形態主要是在辦公室撰寫法案、統籌行政，或在選區各地服務民眾、實地會勘，又或是參加選舉時的任務型編組團隊，都屬於公共事務的範疇。很多政治人物的團隊向心力十足，內部資深員工比比皆是，即便有員工離開團隊，彼此也仍然維持良好關係；然而，也有一些政治人物的團隊始終紛擾不斷，表面和諧而私下其心各異，有的人會爲了個人利益不惜放話傷害團隊，有的人在離開團隊後公開爆料或反目成仇大肆攻擊。究其主因，終究是組織文化及領導管理方式的差異所導致。

馬路上撿來的流浪狗＋史上最弱＝柯文哲勝選方程式

柯P在二〇一八年競選期間受訪時，曾說自己的競選團隊是「史上最弱團隊」，雖然團隊成員已經很熟悉他的說話風格，還是多少會有人感到喪氣，礙於選戰戰況激烈，候選人已承受超高壓力値，也就沒有人想要反映個人主觀感受，以免增加候選人心理負擔。其實柯P過去在二〇一四年受訪時，也曾形容協助他勝選的競選團隊是「馬路上撿來的」、「流浪漢加流浪狗團隊」，因此，二〇一八年柯P形容自己的團隊是「史上最弱團隊」，聽起來也就不太令人訝異了。在政治領域享有多年

2018首都市長辯論會現場

幸運際遇的柯P，對於兩任競選團隊的這些說法，究竟正確與否，留待歷史及外界給予公正客觀的評價。

若以管理學觀點來看，領導者多次貶低團隊、打擊士氣，實屬非常不恰當，徒然折損自己在團隊成員心中的信任感，團隊工作氣氛自然也會因此大打折扣。若以政治學角度分析，凡是能幫助候選人勝選的競選團隊，就是最好的團隊。候選人很重要，可是如果沒有競選團隊的鼎力相助與無私奉獻，候選人就很難有迎接勝選的可能。正如同準備推出到市場上的產品本身是關鍵，亦同樣必須整合其他方面的策略與資源，例如：設定合理定價、大力廣拓通路、有效宣傳行銷，才能成就一個成

2018首都市長辯論會開始前團隊打氣

功熱銷產品，甚而進一步擴大經營，發展爲一個具有永續價值的品牌。

波詭雲譎的三角督大戰

在二〇一八年這場三角督的台北市長選戰中，柯面臨的另外兩個主要對手，代表國民黨出戰的丁守中採佛系打法，候選人宣傳曝光度不佳，整體氣勢亦不若四年前的大連艦隊；而民進黨提名的姚文智，則維持綠營一貫的抗中保台論調，姚文智曾在二〇一四年擔任過柯P的後援會總會長，卻很可惜未從中汲取可獲中間選民青睞的選戰經驗。兩位主要選戰對手各自的不利狀況，並沒有讓自身問題叢生的柯團隊撿到好處。

柯P身爲台北市長候選人兼團隊實質總幹事，缺少了大批二〇一四年經驗豐富的選戰幕僚，步伐顯得十分凌亂，節奏忽快忽慢，對於文宣及議題設定的掌控表現也大幅落後上屆選戰。尤其當時團隊並非團結一心，其中有驕狂張揚的冗兵，有堅持己見的不材之木，也有無經驗的散兵游勇，分別自行其道。也許是強人思維所致，也許是心思忙於市政，即便柯P對於競選團隊的問題皆有所認知，仍只能駕著這艘船，在風雨飄搖中勉強行走，時而傾危。

放話歪風猖獗——追逐私利者對團隊的蔑視

無論是在北市府，或在二〇一八年競選團隊的會議，放話歪風一直持續存在，也困擾著整個團隊。有許多次，在市府晨會開會結束不到兩個小時，會議裡討論的一些敏感內容就已經見諸媒體，讓人吃驚不已。後來演變爲必須預設開會可能「被放話操作」，並提早研議因應之道。

記得有一次開會，某幹部T提議將內部作戰策略直接透露給名嘴，隨卽遭到我當場強烈反駁，有趣的是，當我上節目遇到其中一位名嘴時，從表情中看出反感的情緒，原因及過程彼此各自了然於心。當然，我也曾經多次向柯P反映，放話歪風十分不利於團隊和他的領導管理，而柯P也曾明確訓誡所有團隊成員，不可將內部問題外部化。某一次，有心人的第N次放話出現在媒體報導，並直接攻擊我和團隊做法，柯P非常不悅的質問R和某幾位幹部，並且要求R查清楚。當下的我苦笑著，無奈對柯P說：「其實不用如此大費周章，因爲結果根本是查不出來的。」

後續在競選團隊產生的諸多紛亂與風波，也有一大部分肇因於放話歪風，選舉如同作戰，當作戰情報機密及團隊內部矛盾被外界悉數知曉，難免軍心渙散，倉惶失措以致應變不及。其實放話的人也就是追逐私利者，慕虛名而處實禍，藉由放話與外界建立關係或謀取自身利益。因柯團隊的放話事件而產生的報導，族繁不及備載，且手段拙劣，留有許多蛛絲馬跡可循，團隊成員也都心知肚明。放話歪風從出現到逐漸猖獗，並非一朝一夕，需要正本清源的，又怎會只是極少數的那幾位放話者而已。

於內於外不斷凝視深淵，我心中感受最深刻的，還是內部問題，歷經放話歪風及內部暗黑攻訐的洗禮，我常常想起德國哲學家尼采的名言：「與怪物戰鬥的人，自己應該也要小心不要變成怪物。當你長久凝視深淵時，深淵也在凝視著你。」（Wer mit Ungeheuern kämpft, mag zusehn, dass er nicht dabei zum Ungeheuer wird. Und wenn du lange in einen Abgrund blickst, blickt der Abgrund auch in dich hinein.——Friedrich Wilhelm Nietzsche）這些字句，我用來時刻警惕身在政治領域工作的自己。

2.5 勝利險中求

「風箏在逆風時飛得最高，而不是在順風時。」
——溫斯頓．邱吉爾

政治是一門專業，選舉則如同作戰，競選期間的每一天都像是在鋼索上行走，必須繃緊神經，戰戰兢兢地努力直至最後一刻。選戰中難免遭遇大小亂流或突發事件，在必要時應採取危機處理，而每一次的挑戰能否平安順利度過，沒有人有把握，團隊成員所能做的唯有克盡職責，憑藉專業判斷在每個當下迅速反應。競選期間的高壓與張力，皆集中在短短幾個月內發生，除了局勢及資源，候選人和團隊成員的意志與態度，在面對危機與事件時的應對與處置，每一步都是影響選情發展及成敗的關鍵。

勝利險中求

自加入競選團隊之後，我陸續受邀參加一

些電視政論節目，其實在節目上意見相左、針鋒相對本屬正常，但隨著選情越發激烈，議題從政策或政治事件探討，開始演變爲一些誇大的負面攻擊，例如在二〇一四年曾出現過並被證實爲抹黑的器官移植買賣爭議，在二〇一八年選戰中竟捲土重來。最弔詭的是，攻擊方當中，有些人是四年前同爲柯陣營的成員，其實這些人應十分清楚這個爭議的本質，以及當年柯P遭抹黑的過程，四年後，這些人卻昨是今非地發動抹黑攻擊，甚至和二〇一四年的主要對手立場互換、說法對調，讓人產生不可思議的時空錯置之感。

我在政論節目上大力駁斥不實說法

在政論節目中你來我往時最好能以證據說話

一而再、再而三重複的說明事實

這些攻擊柯P器官移植買賣的成員，不惜花費鉅資出版翻譯書籍、在報紙刊登廣告，更邀請美國作者來台召開國際記者會，意圖混淆作者以往曾幫柯P澄清的說法，擴大此事件的負面效應。許多民代及有心人士不斷在受訪時或政論節目中延伸操作此議題，大打烏賊戰，柯團隊只得耗費大量時間精力，澄清四年前曾出現過的抹黑事件，並委託律師正式提告。

爲了有效幫柯P和團隊說明辯護，我不分日夜蒐集各種情報，分析後自己撰寫發言論述，我心中總是慶幸，在媒體平台上，至少還有發言人可以提出觀點來向選民進行溝通說服。當我在和其他來賓辯論的過程中，我相信眞理會越辯越明，原本的爭議和誤解，也可以透過還原事實的描述、客觀而有力的論述，去爭取更多選民的理解與支持，這就是我認爲自己擔任競選發言人的重要職責之一，努力協助柯P和團隊在空戰中創造利基。

由於我常在政論節目遭其他來賓群起而攻之，通告結束時，我往往會感覺自己負能量滿溢超載，回家後依靠著虔誦心經，讓自己可以恢復平靜。其他的團隊成員各自忙於自己的工作，我很少向其他人訴說自己遭遇的困難阻礙，避免增加他人的心理負擔壓力。當時，我也因爲在政論節目上大力質疑攻擊方而意外吃上官司，在

世代戰爭?!
銀髮票vs.年輕票?!搶?!
再來是政治評論員林筱淇
搶攻2020!藍綠翻轉拚選票!年輕世代才是重點?藍圖?

1 政論節目來賓必須做足功課隨機應變
2 政論節目開場後須立刻集中精神
3 和政論節目主持人及來賓合影
4 政論節目探討農產品主題
5 政論節目開始前氣氛輕鬆
6 政論節目開場前的準備情形

歷經數百個日子之後，終於獲證淸白。

而在競選期間讓我感到最痛苦的一件事，是攻擊方中有人刻意在我台北家人的出入場所拍攝照片並公開，讓我非常擔心，一方面我必須設法保護家人安全，另一方面我也要避免影響到柯P已難分勝負的選情。當時我承受的心理壓力極大，也讓我經常內疚自責，憂慮因爲自己從事政治工作而影響到家人的安危。直到那時，我才眞正體認到，爲什麼許多民衆總認爲政治是無比黑暗的，而我心中的理想與力量，在黑暗籠罩的世界裡，竟顯得如此渺小而微不足道。

理性與感性的戰時矛盾

在選舉後期，柯P的民調結果與主要對手丁守中纏鬥不止、難分勝負，甚至時而落後。此時，有團隊幕僚提議讓柯P應邀參加台中花卉博覽會的開幕活動，和同樣正在爭取連任的台中市長林佳龍互相拉抬，多位幕僚認同此提議，唯獨我力排衆議，建議柯P在選戰尾聲且選情較爲不佳的時刻，務必把握剩餘的每一天時間，在台北市街頭巷尾掃街拜票爭取支持，不宜分心前往其他縣市。當時柯P雖然有些猶

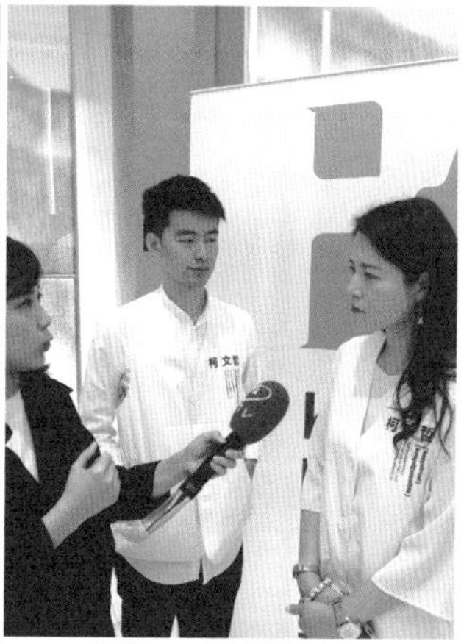

1	4
2	5
3	6

1 陪同婦女部和柯P父母外出拜訪行程
2 和支持群眾齊聚北門的感受很獨特
3 北門前活動舞台上的主持團隊
4 婦女部大型活動現場準備進場
5 在柯P餐會前的活動受訪
6 菜市場掃街爭取民眾支持

豫，最終仍採納了我的建議，而委請另一半陳佩琪醫師代表前往參加台中花博行程。雖然柯P和林佳龍有朋友情誼，但選戰正打得熾熱，且已進入肉搏戰，倘若柯P在民調擺盪時突然到外縣市參加活動，將衍生難以預測的影響變數，身爲幕僚，必須提醒候選人，在理性與感性之間要妥善權衡與抉擇。

二〇一八年全台各地選情皆受到「韓流」影響，韓國瑜沒有幫同黨的北市長候選人丁守中站台，被許多人認爲是他對柯P當年知遇之恩的回報。而在距離投票日剩下一個月左右，擔任柯競選團隊重要幹部之一的童話爺爺，因情義相挺幫朋友錄了一段公開影片，卻意外引發軒然大波。當時有許多柯P的支持者反映，柯P因主張超越藍綠而吸引中間選民，但重要的競選幹部卻直接公開表態，支持綠營提名的高雄市長候選人，此舉動無異和柯P超越藍綠的政治主張背道而馳，使得支持者對此感到困惑而無所適從，甚至有人表明將轉向支持其他候選人。

對手陣營抓住機會猛攻，強大輿論壓力伴隨選民不斷湧入的批評質疑與不諒解，使得童話爺爺感到相當受傷，受訪時在鏡頭前難過哽咽落淚。後來柯P選擇以擁抱包容化解，幫助童話爺爺與團隊平息風波。這樣的做法，讓許多團隊成員與支持者十分訝異與感動，原來，自稱患有亞斯伯格症的柯P，也有暖男的一面。這個

上：競選團隊活動後開懷合影

右：台南簽書會後在高鐵站眼神完全放空的柯P

左下：柯P台中簽書會大爆滿

右下：在政論節目巧遇2018高雄市長候選人韓國瑜

師生的溫暖擁抱

事件當時帶給團隊許多衝擊，柯P主動採取了溫情軟性的處理方式，降低事件衝擊力道。有時候，包容的胸襟所展現的人性溫度，可能會比究責更能獲得正向共鳴。

自創網路節目《我想是這樣啦》為柯P突圍

選戰中面臨的意外棘手狀況之一，還有柯P的媒體曝光度雪崩式下滑，不但媒體報導篇幅變少，電視政論節目的通告數量也降至極少，在傳統媒體上，柯團隊逐漸消音，對於選戰十分不利，卻無法找到根本原因。幾番苦思之下，我決定自掏腰包，購置軟硬體設備與租用場地，由我自己身兼多職，同時擔任企劃、主持人和製作人的《我想是這

《我想是這樣啦》第一位節目來賓陳佩琪醫師

自費籌備網路節目《我想是這樣啦》

樣啦》網路節目就這樣開播，現在看來算是台灣很早期開始的網路政論節目，透過訪問柯P本人及家人、官員、市民專業達人，希望讓更多人了解到柯P的理念與政見，關於台北市政的深度面向，以及市民對柯P的期待。

在二〇一八年八月到十一月選舉期間，《我想是這樣啦》網路節目共製作播出了十一集，影片的總觀看次數超過二十七萬三千次。在資源匱乏的選戰中，擔任發言人職務的我，一直拚盡全力想方設法協助柯團隊發聲，爭取更多選民支

和柯P暢談他的施政理念和哲學之道

持。傳統媒體的限制與資源需求，因為網路科技的演變發展已急速改變，現今的政治工作者透過網路社群發揮的創意空間，已變得更加寬廣。

當遭遇困境之時，怨天尤人無法帶來任何改變，只要有心想要克服困難，願意堅強面對現實，就可以幫助團隊找到更多出路。前英國首相邱吉爾（Winston Churchill）說：「風箏在逆風時飛得最高，而不是在順風時。」（Kites rise highest against the wind, not with it.）人生的最大限度會在逆風時開展，勇於嘗試卽會發現各種突破與自我實現的可能。

自費購置燈光影音器材，雖然克難但效果不錯

在活動現場偶爾需走入群眾繞場注意狀況

志工支援讓團隊
擁有強大的後盾

2.6

不平靜中的平靜

「我們不應指望海水永遠平靜，而應學會如何在強風之下航行。」——歐納西斯

所有的競選宣傳活動在投票日前一天全部結束，投票日當天，每個候選人和團隊準備迎接努力爭取過後的民主投票結果。由於台灣的選務機構在民主選舉的實務經驗充足，有許多前例及標準作業流程可循，沒有人預料到二〇一八年九合一大選的投開票過程，竟會是史上最混亂失序的一次，也讓選務機構因此遭致強大負評與壓力。

對於柯團隊來說，這是一場資源比四年前更加匱乏的台北市長連任選戰，一路艱辛的走到了最後階段，就連凝聚選民支持的選前之夜晚會也沒有傳統電視台媒體轉播，只能克難的依靠網路直播提供畫面給民眾。由於封關前的民調曾有多次結果落後對手陣營，在開票晚會現場聚集的大批支持者，隱隱約約可感受到現

1124開票當晚安撫群眾情緒

主持選前之夜

場瀰漫著焦慮不安的氣氛。開票完成前，選舉勝敗在未定之天，身爲候選人的柯P，卻依舊能夠淡定沉著面對。

台灣選舉史上最混亂的投開票過程

二〇一八年的九合一大選，是史上最大規模的地方選舉合併十項公投同步舉行，因公投項目數量繁多，使得民衆閱讀與圈選過程時間拉長，大幅增加每位民衆的投票時間，另外還有選務規劃不周等多重不利因素，投票日當天，各地民衆在投票現場大排長龍，有排隊民衆因無法久候而放棄投票，也有民衆逾時排隊及邊開邊投的亂象，被批評爲史上最亂，民衆罵聲連連。越是在都會區、投票人數較多的投開票所，投票亂象越嚴重，直到晚上八點左右，所有排隊民衆才全部投完票，而開票作業更是直至投票的隔日凌晨三點才宣布全部完成，累壞所有選務人員。

當天主持開票晚會時，柯P的得票數和主要對手丁守中的票數十分接近，一路互有領先，不斷纏鬥拉鋸，當票數領先時，支持群衆忍不住大聲歡呼，而當票數被翻盤時，群衆的失望表情伴隨沉重嘆息聲傳遍會場，情緒起伏反覆持續著，緊張又漫長的

開票過程驚險緊張

開票過程冗長需由多位主持人輪番上陣主持

開票過程，讓現場所有人跟著折磨揪心。柯團隊的主持人群輪流不斷和台下支持群衆對話，希望安撫支持者緊張情緒，其中也穿插表演團體活動。

原本選務機構預估可在晚間九點左右結束開票，然而開票時間卻不斷延遲，到了近午夜時，主持人群都已體力透支、喉嚨沙啞，團隊全員近乎筋疲力盡。然而，在其他縣市陸續完成開票後，還剩下台北市長選舉的開票尚未結束，最終勝負仍無法出現，全台關注結果究竟誰贏誰輸，網路上也有大批支持者持續觀看網路直播，團隊硬著頭皮在台上繼續主持，安撫陪伴疲憊躁動的現場群衆，避免意外情況發生。

歷經十一個小時的超長馬拉松式開票，選舉結果終於出爐，柯P最終得票數爲五十八萬零八百二十票，以三千兩百五十四票的些微差距擊敗最大對

候選人大進場時已是凌晨兩點半

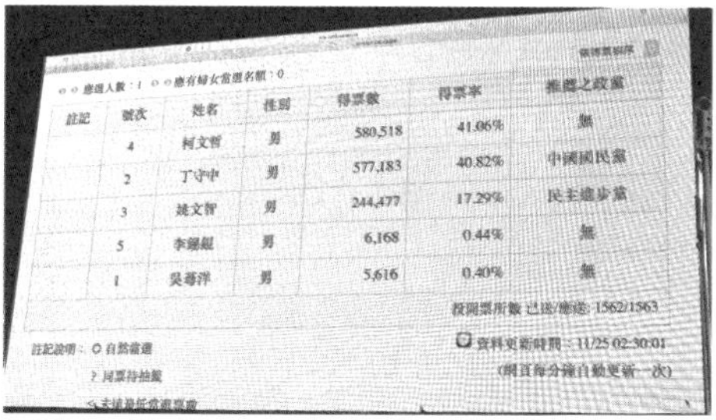

應選人數：1　應有婦女當選名額：0

註記	號次	姓名	性別	得票數	得票率	推薦之政黨
	4	柯文哲	男	580,518	41.06%	無
	2	丁守中	男	577,183	40.82%	中國國民黨
	3	姚文智	男	244,477	17.29%	民主進步黨
	5	李錫錕	男	6,168	0.44%	無
	1	吳蕚洋	男	5,616	0.40%	無

投開票所數 已送/應送: 1562/1563

資料更新時間：11/25 02:30:01

(網頁每分鐘自動更新一次)

註記說明：○ 自然當選

? 同票待抽籤

1124台北市長選舉開票結果公布時間是翌日凌晨兩點半

手國民黨丁守中。當柯P上台發表勝選感言時，時間已是投票日隔日的凌晨三點多，支持者並未散去，反而在柯P上台致詞時瞬間引燃熱情，激動吶喊爲柯P慶祝迎接這遲來的勝利。回想起時間如此漫長的選舉開票經驗，所有參與者都畢生難忘，在台灣社會的選舉史上，恐怕也是空前絕後。

選舉結束後，選務機構最高主管因選務遭批而辭職下台，過程中發生的種種問題使得民主選舉運作公正性遭到質疑，各界呼籲徹底檢討，避免日後再度發生。尤其，因投票亂象而衍

柯P連任勝選演說

柯P率團隊向支持者致謝

生事後諸葛的各式評論，引發社會爭議且升高對立。例如，有人認爲邊投票邊開票的情況，使得姚文智遭棄保而柯文哲得利，更遑論以小幅差距落敗的國民黨丁守中，因強烈質疑而提出選舉無效之訴。當民主選舉的制度在實務執行上出狀況，可能引發的問題會使社會付出相當大的代價，不可不謹慎防範。如果主管機關在規劃選務時，事先應用科技進行更完善的情境模擬與兵棋推演，或許就能發現並改善制度漏洞，降低問題發生的可能性。

不平靜中的平靜

開票當晚，辦公室裡熙來攘往，有的人緊盯螢幕上跳動的開票數字，有的人準備趕往開

勝選當晚全員筋疲力盡

勝選後的餐敘合影

票晚會現場。經過一兩個小時，開票速度仍然非常緩慢，幕僚群開始有人感到著急不安，只有柯P仍氣定神閒地在辦公桌前閱讀資料。我心中不禁想著，開票票數緊張拉鋸，身爲候選人的他，怎麼可能還這麼鎮定。於是我問柯P：「市長，請問你都不會緊張嗎？」柯P回答：「不會啊！如果贏了，我就繼續當市長，如果輸了，我就拿著公事包回去台大醫院上班啊！」看到我一臉難以置信，柯P忽然自己搬出了一台血壓計當場測量，結果發現血壓計上顯示的數值再正常不過，完全沒有任何因壓力或緊張情緒而血壓飆高的情況，讓我對柯P的超高抗壓性，留下非常深刻的印象。

可能是由於柯P在急重症加護病房工作許多年，幫助無數患者在生死之間搏鬥，讓他累積了良好的抗壓性，因此，即使是在台北市長選舉投票日當晚，投票結果勝負未定的時刻，身爲候選人的柯P還是能夠波瀾不驚。船運大亨亞里士多德．歐納西斯（Aristotle Onassis）曾說：「我們不應指望海水永遠平靜，而應學會如何在強風之下航行。」（We must free ourselves of the hope that the sea will ever rest. We must learn to sail in high winds.）團隊領導者若擁有良好的抗壓性，等於具備了一種不可多得的強大優勢，在面對突發狀況時可以保持冷靜，在強風驟雨下也能做出最理性的決策判斷。

聚散有時 各生歡喜

選舉結束後，我恢復時事評論員的身分，偶爾參加電視政論節目，後來我再次向柯P告別，準備在台北和台中尋找新工作機會。我在競選團隊裡的好朋友J知道消息後打電話給我，竟不捨的哭了，我安慰J說這只是工作的緣分盡了而已，友誼是永遠的。當我在個人臉書宣告開始找工作的消息，陸續收到許多人的來信或來訊，提供給我寶貴的資訊、建議和機會，我一封封閱讀回覆，心中滿是感謝。也因爲從

開票時柯P瀟脫的說，若沒連任就提公事包回台大

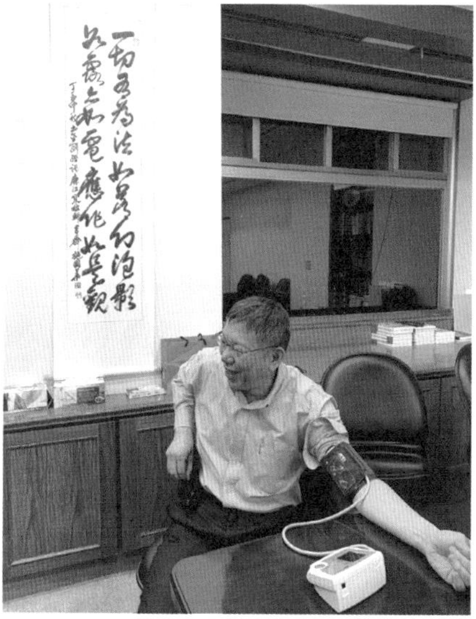

開票時柯P量血壓以數字證明自己情緒平穩

陪伴我掃街及參加活動而歷盡滄桑的競選背心

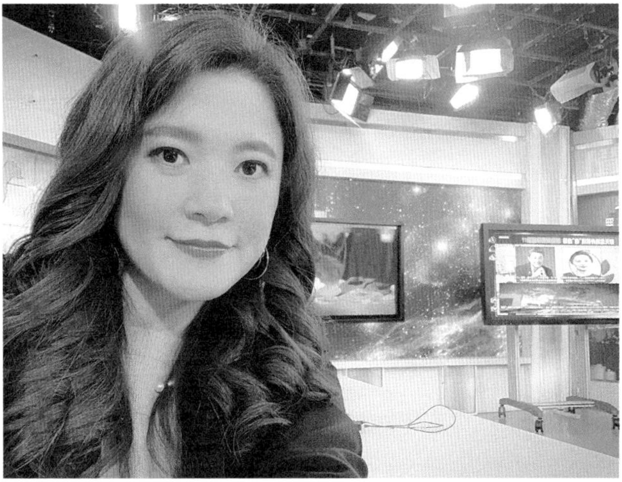

選舉結束後擔任政治評論員

事政治工作，我才有機會被人認識，沒想到有如此多素未謀面的人，願意主動提供機會，這些來自社會的溫暖善意，令我很是感動。

人生的得與失，無論在發生當下的評斷如何，若經過一段時間回頭看，感覺可能又會不同。每當得到了一些，可能同時也失去了一些，而每次的失去，可能又會帶來新的獲得。知名導演李安的《少年Pi的奇幻漂流》作品中有句充滿哲思的對白：「如果我們在人生中體驗的每一次發現，都帶領我們走得更遠，那麼我們就眞正體會到了生命的給予。」（If every unfolding we experience takes us further along in life, then, we are truly experiencing what life is offering us.）相逢與別離都是人生中自然流轉的場景，而過程所帶來的意義，會長久留存，成爲鐫刻心中的記憶。

3.1

學著把春天銜來

「因此，人們必須努力互相尊重並折衷妥協，同時保有明確主張，這就是政治——永遠希望找到共同前進的道路。」——梅克爾

有句諺語說「當上天為你關上一扇門，同時也會為你打開一扇窗」，人生總是充滿了意外的驚喜。我開始找工作之後沒多久，接到幾位朋友傳來的訊息與電話，告訴我甫於台中高票當選的盧秀燕市長想與我聯絡，輾轉之下，幾天後我便與盧市長約定碰面。在此之前，我與盧市長不但互不相識，也未曾謀面。當盧市長見到我，親切地與我話家常，從熟悉的台中聊到家庭生活、職涯等，盧市長了解了我的行銷品牌管理背景專長後，邀請我到台中市政府觀光旅遊局服務，我滿心歡喜的接受，希望把握能為第二家鄉台中市服務的寶貴機會，同時，也希望有機會近身觀察這位六都唯一女性市長的領導管理內涵與個人特質。

交接印信

盧秀燕市長和我在台中市觀旅局長人事發佈記者會

宣誓就職

女性從政者的挑戰與考驗

在各行各業的職業女性，透過努力，都可以開創出優秀的工作表現。以往政界是男性主導的天下，但是近年來，從政女性已經逐年增加。行政院性平會在二〇二〇年的報告指出，台灣女性國會議員占比達四成，爲亞洲第一高；另外，中選會資料顯示，二〇二二年女性縣市議員候選人占比爲三成二，直轄市長及縣市長的女性候選人比例爲四分之一，都是歷年最高。除了人數以外，女性政治工作者的問政及施政品質，也是經常被拿來比較的矚目焦點。

我曾多次聽盧市長提及，她多年來擔任台灣省議員及六屆立法委員時的經歷。例如在以前網路未發達的時代，候選人必須從街頭巷尾挨家挨戶請託，並發送大量文宣品，非常辛苦克難，然而卻因此增加了和民眾互動的機會，也在民眾心中留下了深刻的親民印象與知名度，這些透過人的溫度所累積而來的情感交流，持之以恆多年，便成爲堅不可摧的無形資產。

女性從政者相較於男性，更會爲民眾精打細算。例如交通部公路總局每年向民眾收取汽機車駕照行照換照規費，金額高達新台幣五億元，在二〇一二年時，由盧

陪同盧市長接受媒體訪問

行動市政行銷谷關觀光及農特產

秀燕委員提案廢除紙本換照制度，爲所有汽機車駕駛人節省荷包及時間。偶爾閒聊時，聽盧市長細數她用心規劃與推動的重大政績，可以感受到她那份巾幗不讓鬚眉的企圖心。

除此之外，盧市長和我一樣，認爲家庭對女性非常重要，家庭狀況穩定，才能夠安心工作。職家平衡對女性而言，一直是一個難解習題，現代社會的職場女性，想要兼顧工作與家庭總是十分費力，尤其女性政治工作者要找到平衡點更是不容易，非常需要另一半全心全意的支持與體諒。畢竟每天在不同城市間來回，辦理會勘、開會問政、應酬跑攤，甚至到國外交流出差，各種滿載行程再再考驗著體力與耐力，女性從政者常得無奈犧牲陪伴家人的時間，因此在時間管理與壓力調適上，必須能找到最佳管理模式，才有可能在政治領域長久發展。

圓融處事 剛柔並濟

由於盧秀燕市長曾經長年擔任民意代表，在地耕耘形成圓融處事的習慣，對於地方民意代表及機關團體都會給予相當尊重，例如在上任之後，以及在議會每個會期開議之前，盧市長都會要求團隊向所有議員當面拜會，除了了解每位議員想法，也藉此溝通施政方向及政策。這樣的做法，對於議員們與各局處間的關係的確有正向幫助，當面溝通的誠意與情誼交流，絕不是電話或訊息可以取代的。

在議會備詢，有時必須面對各黨議員質詢時的砲火猛攻，觀察盧市長的回應方式，保持姿態溫和，耐心傾聽仔細回應，極少和議員針鋒相對，因此府會關係和諧、運作順暢，對於市府推動政策及爭取公務預算十分有利。然而也有一些例外，印象深刻的是有幾次議員質詢時，在未提出任何證據的情況下，直接嚴厲指控局處首長有道德瑕疵或違法圖利廠商的行爲，甚至也有議員曾以偏激言語對局處長進行人身攻擊，而盧市長總是會主動起身，振振有詞爲團隊成員強力反駁不實指控，化身母雞捍衛團隊名譽。

學著把春天銜來

在盧市長身邊工作，我逐漸認知到地方政治的運作若以「和」爲貴，將有利於推動公共事務進展，在地民意代表不只有一個政黨或一種聲音，從基層到中央，代表民意的每種聲音都值得被重視。台中市政府在各項建設開工或完工時，經常會舉行儀式廣邀在地民代及民衆參與，除了說明工程的規劃重點，也邀請民衆共同參與見證公共建設的重要時刻。在開工或完工典禮上，屬於當地區域的民意代表包含立委、議員、里長及團體代表幾乎都會受邀前來，而盧市長只要出席，總是在現場不分黨派顏色逐一唱名，對每一位民意代表及團體表達感謝，細數民代在爭取建設過程的各種貢獻。當人心感受到這樣的暖舉善意，原本橫亙在彼此之間的距離與阻力，也就消失無蹤了。

然而，即便已是從政多年的政治人物，盧市長對於自己的爲人處事遭到批評，多少還是會有點在意。有一次我跟盧市長聊到待人處事，我認爲盧市長在人際關係的經營上面面俱到，然而盧市長卻有些無奈的說，有人曾批評她這樣溫和的行事風格太過鄉愿，我對她說，這樣溫和的方式很好，可以細水長流。時間證明，大多數台中市民對盧市長保持溫和圓融的風格皆給予肯定。

從事政治工作或公共事務，必須學會如何與不同立場的人找到共識與交集，讓推動的每項工作得以走向圓滿結局，心繫民衆需求，努力爲需要幫助的人銜來充滿希望的春天。前德國總理安潔拉・梅克爾（Angela Merkel）曾說：「因此，人們

上：直接公開資料供媒體朋友檢視以杜絕不實謠言

右：每天利用時間批閱公文才能提升行政效率效能

左下：每次的議會備詢都是公開說明工作成果的機會

右下：到議會備詢需要熟稔資料快速回應

必須努力互相尊重並折衷妥協，同時保有明確主張，這就是政治——永遠希望找到共同前進的道路。」（So, one has to try to find compromises with mutual respect, but also with a clear opinion. That is politics--always looking to find a common way forward.）足供從政之人深思。在現今充滿衝突的社會氛圍下，需要創造更多友善對話與合作空間，拋棄本位主義與對立思維，以民生福祉爲念，在溝通時盡可能找到共識與交集，幫助社會因應時代需求與全球競爭所需快速進步。

3.2

水土服不服

「只有知道是不夠的，我們必須運用；只有許願是不夠的，我們必須行動。」——歌德

在台中定居十多年，原本我認爲以自己對台中的了解，至少可被稱爲半個台中人，直到我有幸進入台中市政府服務後，才眞正窺見台中市的深層全貌，是如此浩瀚廣袤。台中市幅員廣大，土地面積約二二一五平方公里，是台北市的八倍之大，台中縣市在民國九十九年底正式合併後，共有二十九個行政區需要建設與關注，然而預算與員額隨之增加的幅度卻相當有限，尤其是關乎中央與地方財源分配的財政收支劃分法，遭各界批評老舊不公，迄今已二十四年未修正，對於較晚升格直轄市的台中也較爲不利。

當我接力上場爲台中市全市的觀光旅遊衝刺，首先必須深入了解的，就是手上可運用的資源與內外環境現況，而後據此擬定策略與方

每日會議滿檔

各種拜會及會議不間斷

法確實執行。包含開會拜訪、現地勘查、閱讀資料等工作，每天海量工作不斷湧入，對我而言，沒有水土不服的問題，只有時間不夠用的煩惱，我擔任公僕時的心態是鞭策自我與時間賽跑，以實際行動爲市民帶來最多福祉，每天的分分秒秒都不能浪費。正如德國思想家歌德（Johann Wolfgang von Goehte）所說：「只有知道是不夠的，我們必須運用；只有許願是不夠的，我們必須行動。」（Knowing is not enough, we must apply. Wishing is not enough, we must do.）

城市行銷聚焦全面導流

我在剛到觀旅局服務時，大膽提出要將台中市打造爲觀光首都的願景與目標，我認爲台中市有機會成爲全台遊客數最多的城市，當時很多人存疑，表示這是不可能的任務。然而我認爲台中市有山有海，有城市都會繁華，也有鄉村田野景致，而且台中的地理位置適中，各區域景點往返都在一至兩小時左右；台中市是中部最大都市，南來北往的鐵路與公路運輸便利，甚至擁有國際機場及港口，可謂具備發展觀光的極佳體質，無論是發展國內旅遊或國際觀光，置身於良好利基點的台中，又豈能妄自菲薄。

台中二十九個行政區皆可根據每區地理位置座落於山、海、屯、都的區塊進行

陪同盧市長拍攝《跟著燕子去旅行》台中旅遊宣傳影片

把握記者會後空檔批閱公文

外出至優質景點訪查是刺激靈感與補充能量的好方法

分類，公部門需兼顧各個區域，資源分配的公平性是重要考量，因此核心思維必須以整座城市的整體行銷爲主。在這樣的前提之下，我認爲應整合山海屯都這四條城市軸線的多元特色，以軟硬體資源輪番交錯主打，把有限資源效益極大化，可幫助突顯台中市與衆不同的獨到優勢，藉此吸引國內外遊客到訪。

由於觀旅局的行銷預算相當有限，在刊登媒體廣告之外，我苦心思考如何將行銷資源做最有效的運用配置，所幸身處於網路及社群興起的時代，在傳統媒體之外多了一些彈性選擇。因此我將網路與社群視爲行銷的重點業務，協助觀旅局同仁強化運用視覺影像搭配文字，在網站、社群、應用程式進行市政行銷、互動溝通的技能，同時經常與關鍵意見領袖、名人及網紅合作，並設下關鍵績效指標，同仁們進步迅速，在用心經營下，使台中觀光旅遊話題在網路社群活躍而廣受喜愛。

此外，電子、平面和網路媒體都是市府局處重要的宣傳管道，因此我拜託觀旅局同仁，增加固定發布觀光行銷新聞稿的頻率，提供給媒體的新聞素材包含文字、照片及影片，都必須新鮮有創意、不打官腔，回應媒體時也必須即時明確周詳。如果說在我服務的那段時期，台中的觀光旅遊能有所成長，我認爲有一大部分原因，是來自在地媒體朋友的支持與協力，讓台中市的城市能見度大大地提升。

台中觀旅局團隊發表全台最美「活力台中」觀光文宣

「活力台中」觀光文宣在市府局處及議員服務處皆有展示

各種優質的台中觀光文宣提供國內外遊客豐富資訊與便利性

觀光建設注重築底精實

台中市政府觀光旅遊局的前身是台中縣政府交通旅遊局，因此負責的一大重點業務，是關於觀光工程的建設，例如遍布台中市的休閒自行車道、登山步道，以及大坑、大安濱海、大甲鐵砧山三個風景區等。自行車道及登山步道的建設完成度已相當高，例如：休閒型自行車道六十多條長度共六百餘公里，而各條登山步道無論是歷史文化或自然生態景觀類，已完整囊括了親子、休閒、健腳、挑戰四個等級，我認為接續應將這些已完成的工程妥善進行優化，而非只是一味地競逐新建長度。

將公共設施優化，可使民眾享受到更好的服務品質，例如我在和觀旅局同仁們集思廣益後，在休閒型自行車道的重要路段，每五到八公里增設一座自行車驛站，提供民眾休憩如廁、輪胎打氣、簡易維修、醫療包設備等，依照人潮多寡，將服務設施分級從基礎到五星

到台中大坑登山步道勘查與民眾合影

級，有的驛站甚至提供沖澡設備供民眾使用。而在各條登山步道上，除了設置景觀休憩點，更持續增加地理標示、更新既有欄杆及木樁駁坎、掛網護坡等，在使用上更加安全便利舒適。在網路時代，政府亦須廣泛應用科技便民，我請同仁尋找廠商設計，推出結合自行車道和登山步道重要資訊的智慧應用程式，幫助民眾減少搜尋資訊的時間成本、提供精準定位功能可減少登山客迷途情況，提高旅遊安全性，同時也可整合全台中豐富遊程資訊，適時推播給所有使用者。

我一直主張堅持推動觀光建設，不能將目光焦點放在容易被看見的新建工

與同仁以養生健康議題行銷台中大坑登山步道

和同仁及媒體行銷台中大坑登山步道

宣傳中台灣好玩卡及相關遊程

更新完成的台中觀旅局迎賓標誌

程，既有建設的維護及優化，雖然吸引到的注目度較低，對於觀光體質的強健，卻至關重要。如果總是將預算大量投入於新建工程，忽視既有建設應提供給民衆穩定的安全便利與舒適性，而造成公共設施使用率不斷降低，甚至荒廢無人使用，則當初投入建設的大筆公帑即浪費殆盡。所有的觀光建設都屬於民生基礎建設，打好地椿之後，必須進一步優化去蕪存菁，並加以行銷提高使用率，唯有如此，才是眞正精實的落實築底工作。

打造亮點弭平城鄉差距

爲了了解現況以利政策擬定，我不斷走訪台中市各個行政區域了解當地民情，發現每個行政區的人口及資源十分迥異，我認爲城鄉差距應可透過縣市縫合工作持續加以弭平，尤其必須協助人口及遊客數偏少的觀光弱勢區域，舉例來說，大甲鐵砧山風景區雕塑公園的升級改造，就是一個好例子。當時，因大甲鐵砧山設施十分老舊、遊客大幅減少，我和觀旅局同仁積極努力，爭取府內預算以及中央補助，預算終於獲准後，我和觀旅局同仁及廠商共同發想與規劃，一次又一次到施工現場勘

到大甲鐵砧山風景區雕塑公園會勘

查與督導進度，最後順利完成大甲鐵砧山雕塑公園的改造工程，增設全國唯一的鋼管爬網，以及其他如滑索、沙坑、溜滑梯等遊憩設備，整座公園煥然一新，在週末總會吸引大批親子遊客，人數相較以往最多達六倍之多，重現鐵砧山景點風華，也順利帶動大甲、外埔、大安三區的旅遊人潮。

自投入公部門觀光旅遊的推動工作後，我甚至來不及水土不服，每天要求自己上緊發條，確實整合各方資源，提出優質政策滿足民眾需求，逐步改善軟硬體的服務品質，由疏至密增加城市亮點，爲區域建立特色強項，並力推城市整體行銷，期盼能快速積累成果，帶給台中更美好的改變。

令狐副市長開會討論督導工作業務

3.3

紅皇后和畢馬龍

「在我的領地中，你要一直拚命跑，才能保持在同一個位置。如果你想前進，就必須跑得比現在快兩倍才行。」
——利維斯．卡羅

在民間企業工作，應該普遍都聽過「商場如戰場」這句至理名言，商業競爭往往劇烈而殘酷無情，適者生存、不適者淘汰，雖然公務部門和民間企業特性不同，無法直接相提並論，如今的縣市政府也已不再是鐵打的衙門，必須學習與時俱進，甚至超前佈署。全台二十二個地方政府的工作表現不但是媒體年年評比的重點，也是民眾茶餘飯後經常討論的話題，縣市政府各局處，無一不希望能完成短中長程目標，拿出最好的表現爲自己的縣市爭取榮譽。

台灣的服務業占國內生產毛額（Gross Domestic Product, GDP）比重近七成，其中，號稱無煙囪產業的觀光旅遊產業，由於從業者衆，又與民生經濟食衣住行育樂高度連結、息息相關，各縣市的觀光旅遊執政成績，也因此十分受民眾關注及比較。由於台中市是台灣第二大城市，在市府推動觀光旅遊工作，彷彿如同和其他縣市一起參與一場馬拉松比賽，我認知到唯有不斷自我鞭策努力前進，才能避免被超越，也才有機會爲城市創造更多榮光。

效法以兩倍速度奔跑前進的紅皇后

舉世聞名的童話寓言《愛麗絲夢遊仙境》（*Alice in Wonderland*）作者利維斯．卡羅（Lewis Carroll）刻劃的紅皇后一角有個名句：「在我的領地中，你要一直拚命跑，才能保持在同一個位置。如果你想前進，就必須跑得比現在快兩倍才行。」這樣的說法自一九七〇年代起，被多位生物演化學者引用，後來更延伸至管理學領域，成爲著名的「紅皇后效應」（The Red Queen Effects），引起許多當代領導管理者的共鳴。

在商業競爭中，每個組織無時無刻不在面臨環境變化、科技變遷，以及競爭對手的創新，基於生存壓力，無論是主動或被動，都必須加快自身腳步學習與進步，不斷創造或維持競爭優勢，只有跑得更快，才能在快速演化的產業中掙得一席之地而持續不墜。組織的學習與吸收能力優劣，代表對環境適應力的高低，逆水行舟，不進則退，如果沒有以兩倍速度奔跑，結果不只是停在原地，而是遠遠被對手拋在後面。現今的公部門也無法置身競爭之外，若要有傑出表現，可能必須以兩倍速奔跑前進。

當我在觀光旅遊局服務時，曾經首創提出跑在中央及全台地方政府最前面的創新治理方式——以數位治理發展智慧觀光，也就是由我提出構思及主導發展的觀光大數據計畫，透過與國內主流電信公司合作，利用去識別化的電信用戶數據彙整資料，針對到訪台中市遊客的遊憩行爲進行統計及分析，例如：遊客在主要遊憩景點的停留人數、停留時間及天數、造訪前後停留景點、喜好度、景點留宿率、旅次鏈、重遊率，以及遊客的居住城市、年齡、性別、國籍等相關人口統計變數，進行統計及進一步交叉分析。

這份觀光大數據計畫，我親自參與了計畫擬定及無數次開會討論調整，每次的精進，都讓我更加堅信推動此計畫的必要性。這些客觀科學數據的可分析性非常高，長期累積下來，成爲台中市專屬的大數據寶庫，可爲市府在觀光旅遊政策的制定及調整帶來莫大的助益。不僅如此，這些大數據資料，還可開放提供給學術界及產業界，作爲研究或未來投資的重要參考，我提出與執行這份觀光大數據計畫，希望同時幫助觀光旅遊領域的產官學三界，讓編列的公帑預算與資源發揮難以估計的價值，更是「開放政府，全民參與」的最佳實踐。我舉出這個親身實例，盼藉此證明，公部門也有以兩倍速奔跑前進獲致成功的案例。

學習畢馬龍實現自我期望帶來改變

畢馬龍效應（Pygmalion Effect）在心理學上又稱爲自我實現預言（Self-Fulfilling Prophecy），此典故來自古羅馬帝國初期的詩人奧維德（Publius Ovidius Naso）的著名詩作《變形記》（*Metamorphoses*），描述一位擅長雕刻的賽普勒特島（Cypriot）國王畢馬龍（Pygmalion），他愛上了自己的一個象牙雕像作品嘉拉緹亞（Galatea），萬分期待雕像化爲眞人，因此日復一日陪伴雕像與其說話，最終感動愛神維納斯（Venus）爲他實現願望。後來哈佛大學心理學教授羅森塔（Robert Rosenthal）受到故事啟蒙，運用畢馬龍效應做實驗，結果證明，當人的心中對自己、某事或他人帶有強烈正面期望時，這樣的心理暗示，使人容易獲得成功；當人感受到其他人的正面期望，也會傾向於改變自己的行爲，以回應或符合他人期望。之後，畢馬龍效應從教育心理學延伸至管理學及廣大的實務界，可以看到許多成功的領導管理者，不斷地對團隊成員傳達正面期望，以各種激勵方式激發團隊的發展潛能，藉此爲組織帶來了更好的績效表現。

在規劃專案時需要設定階段目標，每每提到執行進度與創造行銷亮點時，同仁經常聚焦在困難之處，就會容易意見分歧而卡關，但我認爲最重要的是鼓勵團隊建立信心，相信自己能做到，至於問題，可以努力找方法解決。因此在這樣的信念下，我和團隊透過跨單位協調、爭取意見領袖支持、開會溝通、現地會勘、尋求專家學者建議等方式，協助團隊克服重重阻礙，讓許多專案的目標進度皆得以順利達標完成。而後在新專案訂定目標之時，同仁們因爲有成功前例可循，更有信心，也願意接受更艱鉅的挑戰。

推動公部門的行政效率與效能革新

在公部門推動行政效率與效能革新，總被認爲困難重重，有些既存的慣性與阻力，需靠智慧化解，領導管理者必須將此視為長期工作目標努力推動，才能有成效產出，先前我在推動行政效率效能革新時，也有實際成果可作為參考。例如：在台中市開設觀光飯店、一般旅館、民宿等業者，欲申請設立取得合法登記證及標章，需歷經市府各局處，包含都發局、環保局、消防局等數重程序關卡，且業者為符合法規而在軟硬體投資所費不貲，每一天都面臨時間與資金的雙重壓力。觀旅局同時身為旅宿業主管機關及發證單位，除了必須堅守法規，也同時輔導協助業者，我特別拜託同仁們在發證程序作業上，應更加便民有效率，只要業者依法申請程序完備，檢附文件也齊備，即應儘速予以發證，不可有所耽擱。

此外，旅宿業者需接受市府每年固定聯合稽查及不定期稽查作業，我和同仁會同旅宿業公會代表共同研議，具體提出了旅宿業自主管理辦法，以公正公開公平的指標評核方式，將台中市旅宿業者全面分級，凡是表現連續績優的業者，即可依循自主管理辦法的規定，減少配合不定期稽查，有助於業者專注經營管理。而市府除了鼓勵業者合法經營，更可節省有限的稽查人力，轉而將人力運用於稽查取締其他刁鑽的日租套房非法業者，提升行政效率與效能。透過和同仁及業界代表溝通商議，訂定立意良善且務實便民的公共政策並認眞執行，是我在觀旅局服務時，和旅宿業者在創造產官雙贏的共識下，所採取的具體做法。公部門的行政效率與效能革新，並非不可能的任務，只要願意堅持，就能獲致目標成果。

旅館業及民宿管理輔導績效考核績優縣市　　臺中市政府

Outstanding Hotel & Homestay Management Award (Local Government)

特優等

Distinction

和同仁努力為中市府爭取到全台旅宿輔導績效評比特優之最高榮譽

獲頒全台旅宿輔導績效評比特優之最高榮譽

3.4

千百萬人的盛宴

「成就有意義的事需要三個關鍵，一是努力，二是堅持，三是常識。」——湯瑪斯．愛迪生

舉辦行銷活動是一般企業常見的宣傳推廣方式，而政府公部門推行活動的目的與民間企業不同，尤其是大型規模的活動，通常肩負城市行銷、促進民生經濟的公益目的，由於必須照顧的族群眾多，在操作層面的複雜程度通常也較高。台中市政府許多局處每年都會編列活動預算，有些大型指標活動（如：台中爵士音樂節、台中新社花海暨國際花毯節）在長年經營下，已融為城市形象的一部分；有些則是非常態的超大規模盛典活動（如：二〇一八年台中世界花卉博覽會、二〇二〇年台灣燈會在台中），這些備受讚譽的活動，不但為台中市大幅提升了城市能見度，讓民眾及遊客享受文化藝術帶來的視聽娛樂饗宴，也幫台中市這座宜居城市的品牌形象大大加分。行銷活動是團隊合作的具

體展現，規劃縝密、分工運作，就是爲了降低執行失敗和意外風險的概率，每一場活動從發想、規劃到執行完成，背後盡是無數人揮灑汗水奉獻的珍貴心血結晶。

千百萬人的盛宴

我在二〇一八年底上任時，馬上接手負責行銷台中花博的重要任務，雖然前市府爲台中花博投入的預算逾新台幣一百億元，但預算皆已分配給市府各個局處，並且各局處的項目規劃也早已發包定案，可說必須以極有限的資源，爲剩下約四個月展期的花博做行銷宣傳。由於缺乏經費，當時我和團隊想盡辦法，除了由我率隊到台北召開記者會，號召全台里長遊台中花博享專屬優惠，也邀請名人（如：謝怡芬Janet）及網紅遊園直播，另外也跟進節令、熱門時事及新鮮話題（如：民衆在花博驚喜求婚），不斷爲花博創造有趣吸睛焦點吸引媒體報導，全力拉抬入園人數。除此之外，同仁們在花博現場輪值，而我則頻繁地到現場協助留意及處理各種突發狀況，就這樣賣力度過了四個多月的展期，將總入園人數衝高到七百二十四萬多人次。

在二〇一九年一月份，盧秀燕市長向中央爭取到隔年的台灣燈會主辦權，因此

1	4	5
2		6
3		7

1 前往北市府交流邀請全台里長遊台中花博享優惠
2 盧市長邀請鄭文燦市長和團隊參觀花博城市交流
3 盧市長邀請柯文哲市長和團隊參觀花博城市交流
4 邀請藝人Janet謝怡芬遊園直播行銷台中花博
5 確認台中花博增設台中市民通道作業
6 民眾在台中花博浪漫求婚
7 半年後於新社巧遇花博求婚新人舉行婚宴

在台中花博於四月份結束之後，全員又馬不停蹄地繼續投入台灣燈會在台中的籌備工作。爲了爭取台灣燈會的部分場地，也就是國防部在后里的部分閒置空間，使場地面積擴大以符合燈會需求，中市府團隊與國防部多次開會協調商借，五次現勘時，不斷踩踏在泥濘地中尋找契機。盧市長也曾帶隊前往行政院拜會溝通，而當時的楊瓊瓔副市長也用心協助解決燈會場地問題，立法院交通委員會也到現場會勘，一連串的努力行動之下，最終幸獲國防部同意協助提供，由市府負責整地。

向媒體說明2020台灣燈會在台中的選址狀況

盧市長率隊會勘2020台灣燈會預定場地

楊瓊瓔副市長帶隊與軍方代表會勘2020台灣燈會預定場地

陪同令狐副市長視察2020台灣燈會場地交通規劃

陪同盧市長視察2020台灣燈會副燈區

「璀璨台中」是二〇二〇台灣燈會在台中的主題，自二〇一九年十二月到二〇二〇年二月舉辦，除了在后里區有森林園區「森林秘境」和后里馬場花舞館「藝想世界」兩個主燈區，共三十五公頃再加上花馬道步道，恰能將原本的花博園區再次妥善利用、創造永續效益。另外在南屯區文心森林公園也有一個近九公頃的副燈區「童趣樂園」，共三個展區結合台中在地特色規劃，展出琳瑯滿目、精采絕倫的傳統花燈及藝術創作作品，在森林園區也帶來當時全台最多的八百架無人機同場展演，並且邀集到國內外多個城市及企業團體前來展燈，共襄盛舉。

上：2020台灣燈會在忠孝復興捷運站的廣告
左：百忙中批閱公文
左下：籌備2020台灣燈會在台中案牘勞形，最晚在辦公室工作到凌晨一點
右下：「2020台灣燈會在台中」識別標誌發布記者會

讓人措手不及的是，在十二月二十一日副燈區點燈開展後，燈會竟遭遇了新冠肺炎疫情出現而帶來的嚴峻挑戰，當時隨即面臨是否停辦的壓力，尤其副燈區展期長達六十五天，主燈區展期也有十六天，許多未知情況難以預料。然而，各局處同仁和我一樣，願意一起扛住壓力避免停辦，甚至主動超前佈署，迅速推出多項周密的防疫措施，日夜執行防疫規範，爲遊客打造安全衛生無虞的賞燈環境，所幸沒有任何遊客因爲到台中的台灣燈會賞燈而染疫。最後，二〇二〇台灣燈會在台中，獲得了各界大好評，在疫情之下，仍吸引超過一千一百八十二萬人次的國內外遊客到台中賞燈，爲台中創造了新台幣一百五十六億元的觀光產值，刺激旅遊住宿及飲食購物等民生消費，爲整座城市帶來極爲可觀的經濟效益。

為工作可彎腰可硬頸——有理走遍天下

舉辦超大規模活動的預算爭取過程，也足以讓人耗盡心力，當中充滿了各種衝突與折衷。一般而言，爭取到台灣燈會的縣市政府，至少都有一年多到兩年的時間可以編列年度預算及籌備，中央核定活動補助的時程也一向寬裕。然而台中爭取到這場二〇二〇台灣燈會時，已來不及編列年度預算，市府團隊評估程序，認爲應先辦理墊付案爭取議會通過，之後再盡快以法定方式轉正。而墊付案要通過，首先是各項經費來源都必須確定，其中包含市府財源以及中央補助，然而，市府幾度向中央溝通及爭取，也多次提供所需資料，中央卻遲遲未核定補助，以至於市府一直無法向議會提出墊付案，燈會預算因此一直沒有著落，團隊和我都心急如焚，也被在地議員質疑行政效率。

爲了克服中央補助卡關問題，我親自率隊參加交通部觀光局的燈會選址及活動補助審查會議。詳實報告之後，現場負責審查的中央官員及專家學者仍不置可否，我堅定的向中央官員表明，希望中央可以體恤中市府有心要辦卻面臨預算時程緊迫，以及台中市每年上繳給中央近一千五百億元左右稅金的事實，儘速核定一億元的活動補助，畢竟核定台灣燈會補助給主辦的地方政府，乃是慣例而非特例，更何況台灣燈會是全台灣年度最大國際級盛典活動，牽涉到其他國際城市及千萬遊客，不能有所閃失。

審查會議之後，又繼續等候了一個月，來回發文給中央，加上多次聯絡溝通，市府仍沒有獲得中央核定補助，而台中市多位議員開始表達不滿，強烈要求市府評估自編預算自辦燈會以免燈會活動面臨開天窗的危機。無奈之下，我只好在受訪時表明，如果經過數個月聯繫與懇託，中央迄今仍無法確認活動補助核定時程，則台中市政府考量時程緊迫，不排除自籌經費自辦燈會，當天經各家媒體報導後，同日下午，市府卽收到中央的公文通知，正式核定通過給市府的燈會補助。

終於獲得中央核定補助之後，我拜託同仁接續迅速辦理墊付案，於市政會議完成程序後送往議會爭取通過。議會臨時會由諸位議員審查時，有多位藍綠議員爲了尚未提供詳細的燈會項目明細表而在議會針鋒相對，議員們並不清楚，當時我因收到燈辦主任的指示，故暫不提供燈會明細給議會。眼見議員們吵得不可開交，我爲了爭取台灣燈會預算在臨時會儘速通過，於是接受議員提議，由我在議會公開致歉，並向議員表明將盡快提供明細，而後三億餘元燈會預算總算順利在議會臨時會通過。會後，有議員前來勉勵，對我笑稱：「你的道歉算是很有價值的，幾句道歉就換來三億多的預算。」而我只能苦笑以對，我一心想著只要燈會預算可以順利通過，爲同仁多爭取到一些籌備作業時間，由我個人承擔責難公開道歉，也就不足掛齒了。

陪同交通部觀光局周永暉局長現勘2020台灣燈
會在台中主燈

在2020台灣燈會在台中的主副燈區現場現勘無數次

史上最難的背後——白髮與破球鞋

二〇二〇台灣燈會在台中，被稱爲史上最難的台灣燈會：籌備期最短（三個多月）、展期最長（六十五天）、規模最大、遭遇疫情。盧市長幾乎每次都親自主持台灣燈會跨局處籌備會議統整資源，爲了擴大燈會活動帶來的經濟效益，盧市長指示台灣燈會副燈區從二〇一九年十二月開始點燈，總展期從原本的十六天延長爲六十五天，當預算在議會通過加上中央補助到位時，燈會籌備期僅剩下短短三個多月，時間緊繃且工作繁重，更何況活動成敗攸關台中市的城市光榮，使得身爲台灣燈會主辦局的觀旅局同仁和我都承受著極巨大的身心壓力。

籌備台灣燈會期間，擔任燈會辦公室執行秘書的我，每天的時間就在跨局處籌備會議、大大小小工作會議、跨局處協調、燈會辦公室業務、觀旅局業務當中快速流轉。我自上任後忙於行銷花博，而後直接接

2020台灣燈會在台中副燈區文心森林公園
犀斗星球主花燈

陪同盧市長現勘2020台灣燈會在台中后里馬場燈區

2020台灣燈會在台中的美麗壯觀花燈

台中市800架無人機同時展演，由觀旅局同仁成功執行艱鉅任務

2020台灣燈會在台中吸引逾1182萬人次遊客造訪台中

續台灣燈會籌備工作，連續一年多的時間，每天從早到晚工作超過十多個小時，我的頭髮開始變得花白，臉上也生出皺紋，從籌備到執行期間，我每天都在台灣燈會主副燈區的各個展區勘查走動及召開檢討會議，因此竟足足走破了兩雙球鞋。

回溯這些歷程，我思考著自己究竟是憑藉著什麼樣的精神來完成這些使命及任務。美國著名發明家及奇異公司（General Electric Company, GE）創辦人湯瑪斯·愛迪生（Thomas Edison）說：「成就有意義的事需要三個關鍵，一是努力，二是堅持，三是常識。」（The three great essentials to achieve anything worth while are, first, hard work; second, stick-to-itiveness; third, common sense.）這句話，正好可以作爲成就這些歷程的最佳註解。

動物狂歡嘉年華

2020

台灣燈會在台中

美麗壯觀花燈

上：台中市以800架無人機同時展演創當時台灣紀錄

左：2020台灣燈會在台中副燈區文心森林公園飄雪特效

下左：2020台灣燈會在台中副燈區文心森林公園裝置藝術

下右：2020台灣燈會在台中副燈區文心森林公園大型花燈

3.5

轉動齒輪的印記

「創新可以區別領導者與跟隨者。」
——史蒂夫. 賈伯斯

每從事一項工作，我都會希望可以累積一些亮眼的成果，代表自己在這個工作上所做出的努力和貢獻，在每個人生階段，以作品爲自己刻下值得紀念的里程碑。雖然政治場域的工作，對於在一般企業任職的人而言，往往有距離感和神祕感，甚至可能還有些負面觀感，但我認爲，只要依循法規、謹守分際，推動公共事務的進展涵蓋層面廣泛，可以幫助到許多族群，無論對象的性別、年齡、背景與收入爲何，藉由不同政策爲社會帶來福祉與正向改變，從公益利他的純粹中獲得的成就感，是其他行業少有的。

有幸進入公部門，成爲大政府機器裡面的其中一枚齒輪，我希望在既定的公務工作上有所創新，並且在尚未被滿足的民生需求上盡力而爲，因此我密集和同仁合作，連結其他人過去的寶貴經驗，逐步調整運行節奏，將行政效率與效能持續提升，讓所有齒輪加速轉動，同時鼓勵團隊把握時間和資源餘裕加入創意，完成一件又一件不同的精采作品，以行動爲城市居民營造出更進步的生活方式。

轉動齒輪的印記

培養榮譽感是一種有效凝聚團隊成員的方法，我經常激勵團隊成員要對自己用心規劃執行的工作成果有充分自信，不要害怕和任何組織內或外的其他團隊做比較，因爲良性競爭可以帶來進步的正向循環，一旦形成這樣的組織文化，無論日後由誰擔任領導者，則團隊都一樣能夠產出良好的工作績效表現。因此，我鼓勵負責工程管理的同仁，以爭取公共工程金質獎爲目標，用金質獎的標準來規劃及執行工程專案，我也鼓勵負責行銷、企劃與管理的同仁爭取國內外的獎項肯定，爲自己的公務生涯留下一流的代表作品。在團隊共同努力下，一件件優秀作品陸續開花結果，同仁終於相信自己能夠做到，完成原本看似遙遠的目標，辛苦的汗水沒有白流，在

《台中二十九區絕景》新書發表

進步與榮譽中增加了自信。

我在觀旅局服務期間，規劃及推出了許多優質的出版品，例如我和同仁共同完成出版多語言版本的《玩美台中——觀光手冊》在一百多件作品競爭中脫穎而出，獲得亞太旅遊協會刊物類金獎肯定。另外我也親自發想、協助擬稿與校稿，和同仁出版多語言版本的《台中二十九區絕景》紙本及電子版供民眾免費下載，此書也成爲台中市政府和國際城市交流時的最佳伴手禮之一。

此外，我在日本自費考察時，發現日本主流書店所販售及公立圖書館裡陳列的台中旅遊書籍相當少，因此我和同仁規劃在日本出版台中旅遊專書的專案，順利邀集日本知名出版社協助廠商編採素材及鋪設日本通路。一年多後，我和同仁共同出版《魅惑的台中》（魅惑の台中——Deep Taichung Guide）專書，在全日本主流連鎖書店順利上架，並且很快地被日本民眾踴躍索取一空帶回珍藏，迅速提升台中在日本的城市知名度。

和日本出版業代表及專家請益洽談台中專書在日出版事宜

為台中市製作《魅惑的台中》觀光專書於日本主流書店及圖書館上架

台中城市觀光影片《Taichung. The heart of Taiwan》發表記者會

台中觀旅局在日本東京晴空塔推出的台中觀光平面形象廣告

非常值得一提的是，我和同仁規劃推出的台中城市觀光影片《Taichung. The Heart of Taiwan》，由影片導演認眞攝製及積極協助下，在影片推出後五個月內的瀏覽觀看次數迅速突破一百萬次，深獲民衆喜愛，而後，更在二〇二一年初的「日本國際觀光影像節」（Japan World's Tourism Film Festival）共一千兩百多件參賽作品的激烈角逐中，勇奪「最佳東亞影像獎」，爲台灣及台中市爭光，順利將台中市行銷到國際。

另外，我和同仁成功爭取到韓國航空公司開設釜山直飛台中航線，並將仁川—台中航線每週增班。而延續歷任市府與同仁多年耕耘，台中市與名古屋市在二〇一九年十月下旬正式簽署《觀光友好城市交流協定》，爲兩座城市的友好關係再向前推進，並且，我和同仁也在台中國際舞蹈嘉年華活動中廣邀國內外舞蹈表演團體參與，而在修學旅行方面，成功爭取到千名香港中學生前來台中。透過各種方式，團隊和我盡全力爲台中市推動城市觀光外交。

扮演協助解決問題的人——走動式管理與管考雙管齊下

在公務機關裡，若想加速行政效率與效能，必定需要面對很多困難與阻礙。在工作實務上，不但法規、法令解釋與行政作業流程複雜繁瑣，科層化行政組織的權力關係，及制度規範也十分固定甚至僵化。在心理層面上，公務人員常有行爲慣性以及對風險的趨避性，較不擅長面對變化、突發狀況或不確定性。因此，在推動行政效率效能的革新之前，身爲團隊主管的我，表明推動改革將以身做則，並扛起決策責任，不斷向團隊溝通說明，傳遞願景、價值觀及原則，讓同仁可以快速理解我

台中國際舞蹈嘉年華於台中火車站前廣場的精采舞蹈表演

1	4
2	5
3	6

1 台中國際舞蹈嘉年華邀請國內外舞蹈團體表演

2 與韓國航空公司代表洽談新增航線及航班

3 與同仁及廠商進行台中國際舞蹈嘉年華活動前置作業會議

4 台中市政府努力多年終與名古屋市正式簽訂觀光友好城市交流協定

5 陪同台中旅館公會等業者和香港旅運業者交流及簽署備忘錄

6 台中國際舞蹈嘉年華與台中知名舞廳合作

的想法並協助執行。

在推動組織內各項大大小小的專案時，最重要的管理方式就是管制考核（管考），只要落實管考，即可以掌握案件的預算、目標、項目、進度及執行率等，每一次的管考紀錄也可以作爲之後政策追蹤及績效評估的重要參考。原本觀旅局的管考成效在市府局處中經常殿後，讓我大傷腦筋，幸好我的秘書，同時也是資深管考人員主動協助，重新檢視各個專案管考環節，甚至不惜扮黑臉認眞用心追蹤，終於逐漸改善進步，對於我在推動行政效率效能提升的助益頗大。

此外，我也奉行走動式管理，坐而言不如起而行，唯有眼見爲憑地發現問題，才有機會解決問題。舉例來說，像是豐原公老坪步道、太平蝙蝠洞延伸步道、大坑風景區步道、大甲鐵砧山風景區、大安濱海樂園、潭雅神自行車道、東后豐自行車道等等，族繁不及備載的各項工程，我前前後後都特別前去勘查了許多次。我以使用者的心態及角度來了解每項工程需要調整改善之處，一次又一次地實地勘查，雖然費時又耗力，卻可以因此讓同仁了解管理者的重視程度，使得工程品質更細緻完善，更貼近民眾及遊客的使用需求，甚至超越期待。

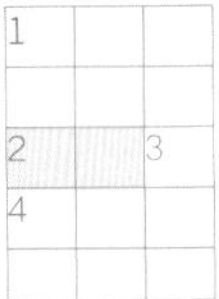

1 和工程科同仁現場會勘
2 大甲鐵砧山風景區劍井遊憩區改善工程啟動
3 和同仁會勘東后豐鐵馬道
4 和同仁會勘大甲鐵砧山風景區公園整建工程

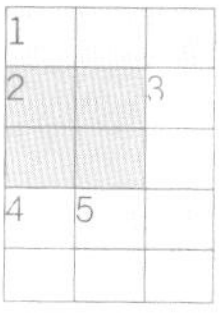

1 與同仁視察步道規劃路線
2 與廠商會勘大里草湖溪自行車道完成情形
3 與同仁會勘工程現場
4 與同仁會勘步道整建困難點
5 與同仁及廠商現場勘查豐原公老坪步道工程

與同仁會勘后豐鐵馬道花梁鋼橋整建工程

窮則變變則通——以創新能力突破侷限

記得在遭遇新冠肺炎疫情時，爲了顧及台中山線各區及新社當地的觀光產業需求，我決定仍然照常舉辦台中國際花毯節，我提出一個創新做法，爲現場賞花民衆在各個花卉藝術裝置及花圃前的地面，分別劃設數個拍照圈圈，當賞花民衆排隊進入圈圈拍照時，卽可解下口罩拍照，並安心和他人保持社交距離。而同仁們也發揮創意，和廠商研議出應用程式，讓不便到場的民衆，可以直接在線上賞花，當時這些因應疫情的創意作爲，爲市府贏得許多民衆的肯定。除此之外，我和同仁爲台中規劃舉辦專屬創意活動，例如讓民衆印象深刻的台中珍奶節，以及成功吸引大批民衆年年參與的谷關七雄登山健行活動。台中被視爲中台灣領頭羊，中部各縣市都希望台中能多出一份力量，因此，我成立了「中台灣觀光推動聯盟」，協助整合中部七縣市觀光資源共推區域行銷，七縣市的觀光局處同仁們提案，分年舉辦自行車和步道健行等活動，成功合作打造行銷話題將彼此串聯。

上：成立中台灣觀光推動聯盟

左：2019台中國際花毯節的入口意象

左下：2019台中國際花毯節的小王子與玫瑰主要藝術裝置

右下：為盧市長及貴賓現場解說導覽台中國際花毯節活動特色

上：2020台中國際花毯節的紅皇后與愛麗絲主要藝術裝置

右：花毯節因應疫情設置拍照圈圈使遊客安心

下：2020台中國際花毯節吸引260多萬遊客前來賞花

上左：舉辦台中自行車嘉年華活動

上右：邀請藝人陳漢典行銷台中自行車嘉年華活動

中：舉辦首屆台中珍奶節活動

下：主辦台中谷關七雄登山健行活動

台中觀旅局局長室成員及多位主要幹部

當交通部觀光局公布二〇二〇年全台二十二縣市的主要觀光遊憩據點遊客人數，台中市以近四千六百萬遊客人數榮膺全台第一名，我和團隊感到非常光榮，因爲我們付出了超乎尋常的努力，眞正實現了我在上任時和團隊所喊出「打造台中成爲台灣觀光首都」的願景目標。轉動齒輪的印記如此深刻，成果印證了努力運行過的軌跡不會留白。蘋果創辦人史蒂夫．賈伯斯（Steve Jobs）曾說：「創新可以區別領導者與跟隨者。」（Innovation distinguishes a leader and a follower.）我的過往經驗證明，無論是在公部門或私人企業工作，不管處境與資源有多麼艱困稀少，唯有堅持創新，才能突破侷限與框架，爲自己的組織在競爭中創造出眞正的領先優勢。

3.6

微風拂過的旅程

「昔之善戰者，先為不可勝，以待敵之可勝。」
——《孫子兵法．軍形篇》

在民主法治的台灣社會，無論是總統或地方縣市首長，都是遵循現行制度並且經過民意的洗禮而當選，現任執政者四年任期屆滿前欲爭取連任，需再度面臨民意考驗。爭取連任即等於面對選民的嚴格檢驗，負責任的政治人物會主動向選民說明，包括以前提出的政見支票及政治承諾是否兌現，以及從上任至今的政績表現，當然，連任者也很容易因爲執政過程中的不完美或失誤而遭致無情批評。

二〇二二年地方選舉情況很特殊，各界普遍認爲選情偏冷，由於台灣大大小小的選舉很多，選民很容易感到疲乏，例如在二〇二一年十二月中旬有四大公投，二〇二二年一月初則有台中第二選區立法委員補選，同年十一月又再進行縣市長及縣市民意代表選舉。選情冷，有利於連任者，對挑戰者來說是一大隱憂，無論拋出什麼樣的政見或議題，一旦沒有和對手激盪出火花，缺乏討論之下無法創造聲量，就會使候選人的知名度和好感度都難以獲得提升。因此，挑戰者在投入選舉後的首要任務就是炒熱選情。

戰略在運籌帷幄之中實現

選舉和商業競爭一樣，如同無硝煙的戰爭，即使水面平靜無波，水面下也可能暗潮洶湧，組織與團隊必須不斷營造對己身有利的局勢，爲自己創造良好條件，使對手難以戰勝自己，並且步步爲營、避免失誤，而後等待對手犯錯或頹弱時一舉進攻得勝。這也就是軍事家孫子在《孫子兵法．軍形篇》所揭示的道理：「昔之善戰者，先爲不可勝，以待敵之可勝。」而這句孫子名言，也是我身爲幕僚，藉以在旁提醒盧秀燕市長的一句話，團隊必須在平時就努力做出工作成果，因爲政績就是爭取連任者的盾牌與保護罩，只要市民普遍對於政績感到滿意及給予肯定，那麼爭取連任也就不會是太困難的課題。身爲政務任用的員工，自然而然地在上班工作時專心市政，在下班及假日時間尋求協助市長爭取連任，希望延續施政成果能夠不中斷。

「先爲不可勝」意即必須讓對手不容易打敗自己，必須檢視自身內部的優勢與劣勢，同時留心外部環境的機會與威脅。台中市民對於政治人物一向嚴格檢視，盧秀燕市長的施政滿意度在剛上任時排名殿後，經過團隊幾年的努力耕耘，累積出相當多工作成果後，施政滿意度可說是倒吃甘蔗，逐漸獲得了更多市民的肯定。然而，再針對民調分析結果進行細部研究，可以發現盧市長在年輕選民的滿意度及支持度普遍偏低，因此，我向盧市長建議，所有政策溝通和廣告文宣的策略，都應該鎖定年輕族群作爲主要溝通對象，積極爭取更多年輕人的認同。

我首先擬定了一份政績宣傳的策略框架及延伸計畫，除了影片以外，也建議在網路及社群以年輕族群慣用或喜愛的方式進行溝通，因此架構了一個彙整重大市政成果的政績網站，另準備許多政績圖卡作爲基本溝通素材。此外，傳統政治人物在進行募款時習慣請選民以銀行匯款的方式進行捐款，然而如今科技進步，已有許多功能完整、安全便利的網路金流平台，可協助候選人處理網路募款及帳務管理，使用上也較受到年輕族群的青睞，因此，我建議盧市長可同時採行網路募款的方式，並利用平台妥善布置鋪陳政績進行溝通宣傳。

而當我在撰寫公辦辯論會辯論稿時，也強化了跟年輕族群的溝通重點，我建議盧市長將團隊多年來對年輕族群的照顧予以適度突顯，例如：居住正義中的社宅興辦、公托公幼的增設、新手爸媽的育兒津貼等，即便是盧市長上任後宣布恢復老人健保補助，也可以讓年輕族群及三明治世代了解，這項政策，實質上幫助他們大幅減輕每個月的家庭經濟負擔。

在對於內部優劣勢進行檢視及強化之後，接下來是外部環境的機會與威脅。二〇二二年的政經局勢仍然受到疫情影響，加上烏俄戰爭爆發衝擊全球民生經濟，政治氛圍也充滿了衝突與緊張，在這樣的情況下，台灣的各個政黨支持度不斷起伏，局勢變化詭譎難以預測，因此我建議盧秀燕市長，面對競爭對手攻擊時，不需要隨之起舞，應維持穩健的步伐，按照自己的節奏前進，並且與其他政黨維持友善或平和的關係，突顯身爲執政者的高度與格局。

另外，在二〇二二年農曆年後的某個週六下午，時任台北市長的民眾黨主席柯文哲，剛

邀請名人擔任主角為台中拍攝旅遊宣傳影片

好到台中市出席民眾黨活動，邀約我在活動前和他一同餐敘。當時我和他分享了台中市當前的政治局勢，同時也建議柯市長，民眾黨身爲新興政黨，應考慮集中資源，投入在目前較具有競爭力的台北市、桃園市及新竹市，否則若將戰線拉長到幅員廣大，且連任者深具優勢的台中市，將會大幅稀釋原已十分有限的資源，對民眾黨較爲不利。

將驚濤駭浪與暗潮洶湧化為無形

從二〇二二年台中第二選區立法委員補選後，盧市長和市府團隊卽開始承受一連串強烈且混亂的政治攻擊，當時盧市長面色凝重地數次召集團隊幕僚商議對策。開會時我主張針對每個爭議馬上釐清，立卽採取解決行動方案，同時也召開記者會還原事實，將遭誤解之處說清楚講明白，備妥清晰的溝通素材，拜託媒體及友軍協助澄清。所幸這一連串政治攻擊力道，在團隊共同努力和各界協助下迅速被削弱，而後在盧市長決定對造謠者提告後，更近乎完全消弭。

然而，二〇二二年的台中並不平靜，陸續發生了幾起不幸事件，造成市府形象受損，例如有人因車禍糾紛持球棒打人導致對方重傷、某幼兒園爆發三名托育員集體虐嬰，當時我偵測到這些負面輿情，研判須立即進行危機處理，隨即向盧市長提出預警及後續建議，而這些也是我身爲顧問及幕僚的分內工作，必須不分日夜地保持警覺及敏銳判斷，盡力協助團隊做好輿情預警及危機處理工作。

微風拂過的旅程

微風輕拂下的旅程看似平靜無波，其實是因爲有許多危險早已被預見與排除。天下沒有不散的筵席，在職涯結束之前，任何工作都只是旅程中的一個逗號而已。從二〇一八年底到二〇二二年底，這四年來，我無論是在台中市觀光旅遊局服務，或在擔任市府顧問兼影視發展基金會執行長的工作上，都盡心盡力爲市民服務，希望能爲市府創造出優質的政績，帶給市民更好的生活，當然也藉此回報盧市長對我的提拔之恩。無論是平日或假日，我的時間幾乎都主動奉獻給了公務工作，甚或是最後在工作之餘，也願協助盧市長連任延續市政成果。在自己傾力完成市民與市長的付託之後，我告別了在台中市政府的工作，也揮別這段感覺像是微風拂過的旅程，再一次勇敢迎向嶄新而未知的未來。

1	2
3	4
5	6

1 邀請藝人Janet謝怡芬行銷台中婚紗景點及伴手禮

2 福滿迎豬元宵燈會記者會

3 陪同盧市長受訪

4 成功爭取全國旅行業高峰論壇於台中市盛大舉辦

5 邀請藝人陳鴻和盧市長直播行銷台中各大飯店餐廳年菜

6 主辦第一屆台中購物節無人機展演草悟道宣傳活動

1 參加觀光產業論壇擔任主講者之一
2 台中觀旅局主要幹部準備與全國旅行業代表交流
3 主辦台中好湯溫泉季活動
4 台中成功入選米其林指南評鑑「摘星台中」座談會
5 主持后里馬場及花舞館OT案招商說明會

上左：出席台中市旅行公會晚宴致詞

上右：台中市觀光友善計程車培訓成果發表

左：台中市政府觀光委員會

下：台中后里馬場及花舞館OT案正式簽約記者

上左：在石岡旅服中心舉辦齊柏林影像暨SDGs意象展

上右：到台中海洋生態館現場會勘

右：台中觀旅局主要幹部全員到齊向市民報告年度成果

下左：為高美濕地設計全新識別系統及導覽員特色帽飾服裝

下右：到高美濕地會勘

4.1

刺蝟與狐狸

「刺蝟以一事觀天下，狐狸則觀天下事。」

剛從新冠肺炎這場世紀大疫中重新站起來的世界各國，面臨戰爭、地緣政治角力及經濟衰退的艱鉅挑戰。而組織與員工在工作與生活的形態及心態，早已與疫情發生前大相逕庭，許多人在疫情期間，承受預期之外的職場及家庭變動，在壓力下變得十分脆弱，越來越多人選擇離開職場或「無聲離職」（Quiet Quit，指對工作只求交差不求表現），或要求居家工作、

增加薪資福利條件等。如何不讓員工窒息，鼓舞團隊保有信心，爲組織完成目標，帶來獲利與發展，種種前所未有的新舊問題，正考驗著所有領導者的智慧和能耐。此時此刻，重新回顧一些經典管理概念，也許能夠帶領我們在目前的失序與混亂中，再次找到新的啟發與方向。

領導風格形塑組織文化

在廣爲熟知的管理理論與實務中，通常會將領導風格分爲重視交換互惠基礎的交易型，追求願景與共同努力創新的轉換型，以及講究利他奉獻情操的公僕型。一流的領導管理者，擅長在不同的領導風格中找到最佳平衡。好的領導者宛如閃亮高掛的北極星，不但可帶領組織追尋目標走向坦途，也能指引員工識別陷阱避免迷路，而差勁的領導者，卻可能使得員工煩惱沮喪失去動力，組織更可能會分崩離析。從領導者的風格可以窺見組織文化，不同領導方式的差異，通常會展現在五個層面上：目標、策略、手段、組織行爲、領導者與員工的關係。

刺蝟與狐狸

古希臘詩人阿奇洛克斯（Archilochus）提出刺蝟與狐狸的比喻：「狐狸知道很多事，但是刺蝟只知道一件大事。」（The fox knows many things, but the hedgehog knows one big thing.）。拉脫維亞哲學家伊賽亞．柏林（Isaiah Berlin）於一九五三年發表一篇論文，認爲刺蝟與狐狸就像是兩種不同類型的思想家，刺蝟注重核心觀念及本質，而狐狸則是廣泛涉獵各種觀點及事物。後來美國加州大學的學者菲利普．塔特洛克（Philip Tetlok）將刺蝟與狐狸的概念運用在一個長期研究上，分析兩百多名專家對於兩萬八千多個政治預測的準確度。

塔特洛克的研究有幾個有趣的發現，值得我們反覆揣摩與玩味。例如：不同觀點的政黨人士，都容易受到意識形態影響，而偶爾引發精神錯亂；不管是什麼派別或哪種主義的專家，在政治預測的能力都差不多低；另外，還有一個結果持續在研究中出現：「你怎麼想，比你想什麼更重要。」（How you think matters more than what you think.）而外表較爲無趣的狐狸型政治專家，會對理論抱持懷疑，並對預測展現謙虛，也會根據事實調整想法與態度，因此在短期政治預測的準確度，比外

認真向市民報告台中觀光精采的好成績

表自信具魅力，且總有一個偉大故事可以講的刺蝟型專家更爲準確。

「刺蝟以一事觀天下，狐狸則觀天下事。」刺蝟與狐狸各擅勝場，刺蝟專注於單一價值觀，喜好追求寰宇通用的根本性原則，並且將此體現於現實世界，以深度取勝，但觀點較爲狹隘；而狐狸在關於普世常識的各方面都略有涉獵，博納各家之長，以廣度取勝，但觀點則缺乏專精。環顧我們的生活四周，的確較常見到像狐狸型的人。在台灣政壇，也可以找到類似刺蝟或是狐狸的政治人物，但多數以彈性靈活應變的狐狸型居多，訴求理念及價值觀的刺蝟型則較稀少。

究其原因，可能是因爲多年來政治工

到市場掃街時與民眾話家常

作者所面對的實際狀況，無論是政府官員或民意代表，都必須充分了解與妥善滿足廣大民眾在生活各方面的需求，倘若政治工作者沒有廣泛涉獵與民生相關的大小事務，就可能遭致批評爲不食人間煙火、不接地氣；反觀較爲抽象複雜的政治理念、核心價值觀及艱澀政策，與民眾日常生活較無直接相關，因此願意花時間精力關注的人相對較少。

如今的環境變動速度超乎往常，若僅以此二分法進行分類，極可能忽略人類世界豐富的多元性。因此，在運用刺蝟與狐狸的觀念時，也應該與時俱進，思考更多可行模式。例如，在企業管理領域，刺蝟型領導者自信強勢決策快，個人信念與主觀強烈，不易受他人想法影響；狐狸型領導者善於溝通協調，較爲彈性，也會關注員工的感受，但決策力與獨立性較弱。當代領導者普遍面臨的難題，是在決策與行動時需考慮的層面越趨複雜，可用於決策的時間卻越來越短，倘若領導者可以汲取優點，同時具備刺蝟型與狐狸型特質，在不同需求情況下靈活調整策略因應，激勵員工進行團隊合作，凝聚一個忠誠、具創造力與生產力的團隊，並同時保有紀律與效率。此外，必須留意的是，應避免團隊中刺蝟型與狐狸型的領導管理者彼此對抗，否則將使團隊分裂，阻礙組織長期發展，造成嚴重後果。

領導者的成功方程式

放眼全球知名的優秀企業領導者，如：葛斯納（Louis Gerstner）憑藉智慧與魄力，大刀闊斧改造嚴重虧損的 IBM 公司，讓大象重新跳舞；賈伯斯（Steve Jobs）勇敢引領 APPLE 公司堅持創新精神，打造出獲得無數使用者忠誠支持的永續競爭優勢；貝佐斯（Jeff Bezos）奉行「行動至上」的冒險，爲 Amazon 網路書店找到多角化商業模式，順利轉型發展爲全球線上零售帝國；Google 公司創辦人佩奇（Larry Page）和布林（Sergey Brin）以「做對的事」（Do the right thing.）和「不爲惡」

（Don't be evil.）座右銘，營造出理想正派的企業形象深入人心。這些成功經驗並不是超人般的傳奇，而是由汗水與淚水構成的眞實過程，只要從中學習並產生思維啟發，領導者就能減少在摸索前進時的跌跌撞撞。

世界上沒有所謂一體適用（One size fits all.）的領導管理方式，我們可以從過往成功或失敗案例找到參考及省思，也可以尋求專業顧問公司的諮詢協助，然而，領導者首先必須思考的是：「我想要創造或帶領一個什麼樣的組織？」簡而言之，組織的過去可能是領導者的資源基礎，也可能是沉重包袱，而領導者帶領團隊共同創造價值的能力，將會決定一個組織的現在與未來。在分秒必爭的競爭環境裡，必須謹慎卻迅速地完成每一個可能影響組織存亡成敗的決策，領導者最重要的責任，就是預測趨勢及設定目標，有效率地分配資源和執行計畫，即使艱鉅，也必須找出讓組織能夠達標與持續成長的成功方程式。

4.2

從轟炸機到潛水艇

「世界是一座舞台，所有男男女女都是演員，有人上台，
有人下場，每個人在一生中會扮演好幾個角色。」
———威廉．莎士比亞

人生就像劇場，每個人在家庭、職場、個人生活等各種場景中都有屬於自己的角色及腳本，構成一連串的情節與故事。從心理學延伸到管理學的腳本理論，提出的比喻十分貼切，只是，關於人生的腳本撰寫和角色設定，並非全由個人決定，還會受到成長背景、親友、同事、外在環境等複雜因素影響而變化。人生腳本無法預覽，更不能重來，因此，大多數人都希望自己擁有可以在場景間自由轉換自我的能力，在人生劇場裡成爲一個出色的演員。

英國最知名的文學及劇作家威廉．莎士比亞（William Shakespeare）在《皆大歡喜》（*As you like it*）這部喜劇劇作中寫道：「世界是一座舞台，所有男男女女都是演員，有人上台，有人下場，每個人在一生中都會扮演好幾個

角色。」（All the world’s a stage. And all the men and women merely players; they have their exits and their entrances. And one man in his time plays many parts.）在組織裡也有各種角色和腳本安排，當每個團隊成員都了解屬於自己的特定角色與行爲腳本，就能很快釐清彼此的期望與互動模式，增進協調合作，爲組織創造更好的工作效率。我以自身爲例，舉曾從事過的職務來做比喻，正好可以作爲角色和腳本理論的具象詮釋。

主持大型活動必須掌控現場氣氛

大力推廣台中伴手禮及景點活動

在政論節目上推廣台中觀光

邀請名人主持及代言台中觀光活動

適度維持現場秩序才可以使活動圓滿

從轟炸機到潛水艇

政治領域中的職務分類衆多，其中的發言人和政治幕僚就是兩個廣爲大衆熟知且不可或缺的角色。正如同在戰爭當中，軍隊必備的戰略武器——轟炸機和潛水艇，分別負責完成重要的目標與作戰任務。我們可以將發言人比喻爲具高速巡弋及精準攻擊能力的先進轟炸機，平時以高速巡弋偵測及蒐集情報，一旦團隊有需要時，就在排定時程準確鎖定目標地點投下炸彈，吸引媒體及大衆關注團隊所提出的政策、議題及說明回應。

承辦大型活動必須隨時能清楚說明活動細節

眾所皆知，轟炸機需要安排訓練有素、技巧高超的飛行員擔任駕駛，團隊也需要辯才無礙、溝通表達能力佳的人才來擔任發言人，爲團隊迅速精準的傳遞政策及立場，爭取更多支持與認同。發言人需要保持警覺性，時時留意新聞輿論風向及媒體溝通成效，當然也必須避免因搶快而提供媒體錯誤資訊，或不慎誤導民眾，否則可能就像轟炸機誤傷無辜，將引發難以收拾的嚴重後果。因此，擔任發言人不但需要具備好口才，也必須擁有敏銳的政治判斷力及危機處理能力，才能爲團隊處理各種可能的突發狀況。

而大眾較爲陌生的政治幕僚，常以謀略分析、情報蒐集、政治判斷，以及熟稔公

選舉時期必須協助應對對外溝通

共事務的能力，來協助及支援團隊，並提供領導管理者策略建議。可將其比喻爲替軍隊執行深潛作戰的潛水艇，長時間在深海中潛行進行偵察、巡邏及支援任務，當團隊領導者下令時，即可立即進行布雷、打擊及摧毀等攻勢任務。優秀的政治幕僚十分難尋，具備高度專業，需要長期栽培及歷經各種事件磨練，才能擁有精湛的專業技能，幫助團隊在複雜多變的政治環境中生存及取得優勢。

政治幕僚需要隨時觀察政治環境的變動，廣泛蒐集各種情報，預測事件可能的發展，並提出可行建議，甚至還需爲團隊連結人脈及爭取資源。如同潛水艇在水面下執行各種複雜艱鉅的任務，保護己方部隊或友軍艦艇，嚇阻或攻擊敵軍，並爭取制海權。好的政治幕僚就像是團隊強而有力的定海神針，而眞正能力高深如軍師一

擔任幕僚及發言人永遠需要幫助長官面對媒體大陣仗

發言人的職責之一是即時提供媒體正確清楚資訊

般存在的政治幕僚，「運籌帷幄之中，決勝千里之外」，綜觀全局卻不輕易出招，往往只須提出一個策略，就能直接影響整體局勢走向。

從早期的發言人工作，到後來擔任幕僚職顧問，變化經常都在預期之外，就好像從轟炸機到潛水艇的角色轉變，心境也隨之轉換。每一種工作帶給我的收穫和成長，都讓我在另一個工作上可以獲得更好的表現。我的多年感觸是，不同的職務角色也許可以個別看待，但是在進步過程中，那些內化爲自身專業能力的各種元素，卻化爲我人生中不可分割的連續帶，爲我構築了更強大的能量及競爭基礎。

專業就是——演什麼像什麼

人生不會一帆風順，在轉換場景與身分時，特別需要調適心態，只要扮演好自己的角色，也就是展現專業，無論角色是主角或配角，在人生舞台上都會找到可以發光發熱的時刻。例如在二〇二一年三月底，我從原觀光旅遊局長的職務調整爲市府顧問兼任影視發展基金會執行長。霎時的改變並未帶給我太多不適應，我在基金會同仁的協助下，快速了解業務進入狀況。當時遭逢嚴峻疫情提升至三級警戒，使得台中市的影視業務推展面臨相當大的阻礙。

我和同仁集思廣益，從各自的角色出發，努力嘗試突破。例如：持續推出線上觀影及講座，維持觀影熱度；擴大網路社群行銷方式，辦理台中國際動畫影展及國內獎勵電影事業徵件活動，最後獲得超乎預期的良好成效。同仁的網路行銷能力因此大幅提升，而我也引導同仁嘗試採行創新做法，爲動畫影展得獎創作者打造非同質化代幣（Non-Fungible Token, NFT），並在元宇宙空間內展出精采作品。同時，我也推動放映在台中拍攝取景的「臺中拍」電影單元；另外，更

調動職務那一刻

上左：台中市影視發展基金會辦舉辦2021台中國際女性影展活動

上右：2021台中國際動畫影展活動受訪

左：2021台中國際動畫影展記者會

下左：歡迎影視劇組到台中拍攝辦理探班活動

下右：與加拿大駐台代表處進行友善交流

自己的人生當自己的導演

和同仁一起爭取跟知名音樂創作者林強跨界合作，結合影音的多元魅力，吸引更多民衆到基金會經營的中山七三影視空間觀影與參加活動。

英國喜劇演員卓別林（Charles Chaplin）曾說：「人生近看是一齣悲劇，遠看是一齣喜劇。」（Life is a tragedy when seen in close-up, but a comedy in long-shot.）對我來說，只有累積專業達到一流水準，才能夠眞正成就人生喜劇。而專業就是「演什麼像什麼」，人的心態會決定表現，每一齣好戲，都是靠演員自己用心揣摩扮演出來的。無論當時的心境與狀態如何，只要任務來臨，導演一聲令下，就要在最短的時間內做好準備，迎接挑戰，適時轉換到最佳狀態，才能夠在不同的場景與角色轉換之間，持續爲自己贏得喝采。

4.3

機會與智慧

「重點不在於得到好機會，而在於好好把握每個機會。」

——馬克．杭特

有句俗諺說「上台靠機會，下台靠智慧」，機會的到來可能跟背景、際遇、運氣、自身條件與努力皆有關，有時候，機會也可以靠自己的智慧創造出來。例如平時在職場與老闆及主管同事維持良好關係，可以強化自己的業界人脈連結，而當某段職場合作關係結束時，跟前東家好聚好散，在職場留下好的風評，也會有助於爲職涯迎接下一次的機會。美國作家馬克．杭特（Mark Hunter）認爲：「重點不在於得到好機會，而在於好好把握每個機會。」（It's not about having the right opportunities. It's about handling the opportunities right.）倘若能把握及發揮眼前每個機會的價值，運用智慧應對機會可能帶來的逆境與挑戰，讓機會與智慧可以相輔相成，如此一來，更有可能在人生中達成想要的目標與成就。

政論節目上常常被迫針鋒相對

機會與智慧

在我的工作經歷中，出現過無數次寶貴的機會，讓我幸運被錄用，讓我的聲音被聽見，讓我鍛鍊出專業。每當機會到來，我總是要求自己以最快的速度進入狀況，希望憑藉專業與努力對團隊有所貢獻，也在自己的職涯留下精采的篇章。某些時候，我有稜有角的個性難免和其他人磕磕碰碰，直來直往的溝通方式也常讓自己吃足悶虧，甚至成爲特定人利用或攻訐的對象。在認清這樣的事實之後，近年來，我開始修正自己的行事風格，在處事待人接物上，慢慢收斂轉爲溫和圓融，期盼自己可以累積更多智慧。當然，我心中依舊維持正直眞誠的原則，對任何觸及底線的事情也不會妥協。

二〇一八年十二月中旬，當我從柯文哲競選團隊離開時，選擇了一個不會造成彼此傷害的方式，與柯市長及團隊告別，沒想到團隊裡的不具名有心人士，在我離開團隊後，仍透過媒體繼續放話攻擊。從不放話傷害他人的我，當時不願再橫生枝節或瓜葛，於是，就任憑內容錯誤百出的報導到處傳播，默默承受誤解而不願多做

因參與政論節目而認識更多人並學習成長

解釋。幾年後，當我從台中觀旅局長職務調整爲市府顧問時，又出現了其他不具名有心人士，在媒體上憑空造謠攻擊我，而這次，我選擇正式澄清並尋求專業律師協助，等待幾天後，該媒體終於要求捏造報導的記者做出平衡報導與澄清。

去年底，我辭去台中市政府的工作，這一次，沒有出現不具名有心人士放話，我終於不需要再爲這樣的事無端耗費時間心力。這幾次和自身相關的事件，帶給我的不是經驗，而是智慧，回想從前，因應事件情境，我應該選擇最正確的處理方式。即便我不願意傷害他人，面對滿滿的惡意襲來，我認爲，還是有必要適時爲自己伸張正義，畢竟圓融處事的智慧與善良正義並不衝突，而且，倘若自己沒有站出來爲自己澄清，就會像當年抱持鴕鳥心態的我，結果只有由自己來承受所有不實的誤解。

對我來說，人生中的機會經常伴隨著挑戰，而所有的挫折與困難，又似乎隱含著機會。即便遭遇逆境，我也盡可能調整心態看待，運用智慧因應處理，讓自己盡快平順度過。而我也認爲，即使在工作上的合作關係結束，也應該好好說再見，讓彼此之間的友誼繼續維持，如此才不會辜負難得的緣分。正如作家白落梅所說的：「世間所有的相遇，都是久別重逢。」當人生中遇見值得珍惜的人，就應該努力用心維繫。

順境的種子自逆境中萌芽

人應該學習以平靜的心態，去面對周遭的人事物，盡量降低環境或際遇變化造成心境的跌宕起伏。因爲即便是逆境，也暗藏著順境的種子，只要耐心澆灌栽培，在種子開花結果之時，順境也將隨之到來。在世界上最乾燥如同火星環境的智利阿它迦瑪沙漠（Atacama Desert），地下深埋的種子每隔幾年遇到滂沱大雨時，就會有令人驚奇的「沙漠開花」（Desierto Florido）壯觀花海景象，吸引無數遊客朝聖。而傲雪凌霜的白樺樹，在俄國科學家的實驗中，可承受低至零下一百九十五度的極端酷寒，而不會死去。植物尚且擁有在不利環境中萌芽生長的堅毅生命力，人更不應該妄自菲薄，應該以平常心面對順境及逆境，在生活中努力累積智慧，幫助自己在各種不同的環境條件下生存及適應，堅強樂觀的面對人生考驗。

優雅謝幕展現格局與素養

具備成熟素養的人，大多都會選擇以優雅的姿態謝幕，以進退有度的方式處理人際關係。因爲在職場上曾一起共事過的人，以後在業界仍有再次相遇或合作交流的可能性。更何況往後尋找新的工作機會時，也會面臨到新任雇主請人資進行「資歷審核」（Reference Check）的標準流程，聯絡前任雇主及主管同事求證查核，確認求職者所提供的履歷和面試資訊是否符合事實。另外，在工作中所累積的印象與口碑，將會形塑出個人的品牌形象，在所有的雇主與同事心中產生評價，成爲好口碑或壞口碑而傳播出去。

在各種活動時全力支援其他同仁

偶爾看到有極少數人和前東家不歡而散的特殊情況，彼此在言語上毫不留情的批評與攻擊對方的不是，動輒互相傷害也許一時解氣，但是結果通常是兩敗俱傷，不但問題無法解決，更會被其他人當成茶餘飯後的話題，事件雙方也讓外界留下了負面印象，雙方的未來發展會因此受到事件阻礙。意氣之爭的莽撞行爲缺乏智慧，可能使自己失去某些機會而不自知。舉例來說，無論事件裡的雙方想爭取新的人才，或想到其他地方求職，對方可能會對於發生過特殊情況的組織或求職者卻步，而直接選擇放棄。

從一個人面對逆境時的態度與謝幕時的姿態，可以看出爲人、格局與素養。人生不會只有順境，職場工作自然也不可能永遠順風順水，我們必須做到的，是不斷藉由磨練獲得成長，讓自己不被困難打敗。如何把握機會、擁有智慧，是每個人必須終生學習的課題，唯有把眼光放遠，避免短視，不爭一時而爭千秋，以過人的智慧處世，才能把未來的人生道路走得更加寬廣長久。

受恩師之邀回到中興大學演講

到中興大學演講媒體公關實務

4.4

正向思考的力量

「小草，你的步伐很小，但你擁有
你足下的大地。」
——泰戈爾

人生不是一條坦途，偶爾會出現狂風驟雨，途中也難免會有石頭或障礙物，稍一不慎就可能跌跤受傷。以前我曾經認爲把事做好，比做一個好人更重要，隨著時間過去，我開始逐漸改觀，認爲做人與做事應是同等重要。在之前工作非常忙碌的時期，我曾發生過一些意料之外的風波與事件，帶來大大小小的挫折與打擊，也讓我學到經驗，回顧過去，那些風波與事件已成爲過往雲煙，當時我憑藉著正向思考的力量靜下心來，甚至也站在對方的角度探究原因，避免陷入負面思維或情緒，而後才能夠沉著理性的面對及解決問題。成長與舒適通常難以並存，然而正向思考的力量，使我可以一路逆風向前，越走越堅強。

在議會備詢是重要職責

剛正果敢不惜與暗黑對撞

記得在我剛到台中觀旅局服務時，每天搭著公務車忙著到處勘查與開會。有一天，我突然接到跨單位的好幾位不同長官來電，提醒我必須留意局內有同仁洩密的行爲，由於這樣的狀況不僅僅影響我，也影響到其他長官，因此長官們要求我必須處理並撤換這位同仁。雖然這位同仁對洩密之事全盤否認，渾然不知已有其他多人指證歷歷。考量其在局內服務時間已有一段時日，我請人事主管爲這位同仁辦理離職手續，並依法提供資遣費。後來聽其他同仁轉述，這位同仁的家人曾經到辦公室咆哮嗆聲、出言不遜，而我知道後不以爲意，繼續日以繼夜忙於工作。

沒過多久，某天突然出現了一封傳眞到媒體及台中市議會的不具名黑函，內容充滿對我的各種負面攻擊文字，瞬間引發嘩然，甚至還有議員將這份黑函於社群上散布。

我認爲「身正不怕影子斜」，這種不負責任的暗黑攻訐，根本完全不需要理會，於是我僅簡單回應媒體詢問，並表明我不相信此事會是局內同仁所爲，也不會追究。幾個月後，竟再次出現造謠黑函，而我開誠布公地將相關採購案資料全部攤在桌上，直接公開給媒體及大衆檢視，證明自己依法行政的事實，讓抹黑與謠言不攻自破。

除此之外，在議會備詢時也有一些情況，讓我顧不得府會關係和諧的原則，不得不以直球對決。例如，曾有議員無憑無據的質疑我和同仁違法，或者以影射方式

盡可能滿足媒體報導需求

在台中市議會進行大會專案報告

形容，打擊同仁的士氣，每每遇到這樣的情況，我必會起身嚴肅鄭重澄清，捍衛自己和同仁的名譽。某些議員未曾了解的事實是，我向同仁強調及要求「依法行政」的次數，多到讓同仁無法計算；在討論跨科室案件時，我會堅持請政風人員到場參與，也要求各科室小額以上的採購文件必須會辦政風室與會計室。正因如此，凡是有人質疑我和同仁違法，我都呼籲對方應檢具證據向政風檢調檢舉，而不應該在無證據的情況下，以影射或造謠的手法任意抹黑。

雖然我清楚議員在議事廳有言論免責權，偶爾我還是會不小心和議員你來我往，甚至擦出火花，有些過程讓我至今仍記憶猶新。曾有一位議員想考驗我的專業，某次請我站起來答詢時，要求我說明推動台中觀光的策略與方法，並要我持續說明不能中斷，於是我接連回答了超過十分鐘，直到議員喊停。也曾有某議員在質詢時自述要轉達業者對我的負面意見，然而後來我詢問業者，業者卻一頭霧水，表示自己和我溝通順暢，根本未曾向議員提出過負面意見，就算有意見，也不會透過議員反映。後來有一次某位議員質詢時，大肆批評局內毫無作爲。當我轉頭看到同仁們垂頭喪氣的模樣，我便站起來跟此議員表明，我們固定提供給議員的工作報告中，都詳細載明績效和作爲，請議員不妨可以一頁頁仔細翻看內容，就知道同仁的用心付出有多少，沒想到竟因此在無意中激怒了這位議員。

為所當為堅持做對的事

爲了維護旅客安全品質，觀旅局每年會固定辦理聯合稽查，也會強力取締非法旅宿業者，同仁們不但辛苦，也長期承受巨大壓力。曾有某位議員向我索取局內取締非法旅宿業者的標準作業流程手冊，而這樣的重要資料一旦外流，將可能導致同仁執行稽查時，遭到非法業者的滋擾，因此我爲了保護同仁，便回應此議員，僅能提供重點節錄，又或者可以密件方式提供資料，以降低資料外流的風險，但此議員極不認同，甚至憤怒不已。後來這位議員轉而利用其他議題質詢，搭配咆哮和近乎羞辱的方式使我難堪，而我爲了同仁工作安全，仍堅守原則不願輕易妥協。後來，我和同

在台中市議會站起來答詢的次數相當多

感謝幕後工作人員的辛苦

仁陸續被某幾個單位調查，雖然結果都查無不法，卻讓我對政治工作產生了更深一層的認識。爲所當爲，原本是分內之事，相較於其他領域，若想要在複雜的政治場域堅持這樣的原則，可能會需要借重更多正向思考的力量。

正向思考的力量

正向思考的力量來自積極樂觀的態度，例如「路程居然還有一半沒走完」和「只剩下一半的路程沒走完」不同思考方式引發不同感受，就可能會帶來兩種完全相反的結果。人一旦陷入負面思維，抗壓性也會降低，很難在這樣的情況下提出具有建設性的解決方案。面對生活或工作中難以跨越的障礙，不需要自我懷疑，反而應該利用

在市府市政會議報告

發言人的職責之一是即時提供媒體正確清楚資訊

別人扔過來的石頭，爲自己築起一道又一道堅實的防護牆。正向思考可以帶來前進的力量，強化自我決心，把努力的過程視爲必經之路，耐心等待時間爲自己帶來成功的獎賞。孟加拉詩人泰戈爾（Rabindranath Tagore）在《漂鳥集》（*Stray Birds*）當中的詩句：「小草，你的步伐很小，但你擁有你足下的大地」（Tiny grass, your steps are small, but you possess the earth under your tread.）每個人都擁有獨一無二的特質、優點與能力，只要持續正向思考，讓自己茁壯成長，就可以活得像疾風之下的小草一般強勁堅韌。

幕僚也必須了解政見及政策

4.5

創造自我價值

「瞄準月亮。即使錯過了，你也將
躋身於繁星之中。」
———諾曼．皮爾

創造自我價值是每個人終生的課題，難度在於如何認知及實踐。人生各階段所追求的目標不同，動機和需求也會跟著變化，因此需要不斷學習及調整創造自我價值的方式。追求成功和避免失敗都是人性，自我價值論點主張有些人不怕困難，藉由追求成功以創造自我價值，但也有人擔心失敗會減損自我價值，只願意嘗試容易成功的事，還有一種人習慣失敗，認為創造自我價值對自己來說遙不可及。進一步而言，這些類型可能與個人看待成敗的原因有關。美國心理學者卡芬頓（M.V. Covington）認為努力與能力是兩種重要歸因，成功的人通常認為原因是自己具有能力，失敗的人則常認為原因是自己努力不足，因此有些人為了避免失敗帶來自我價值的否定，甚至不惜「自我跛足」

（Self-Hadicapping），直接放棄努力，爲之後的失敗預留藉口。

當社會上有越多人擁有創造自我價值的動機，就可以爲整個社會帶來越多進步的動力，因爲社會整體價值正是由所有個體的自我價值集合構成。自我價值是一個抽象概念，令人好奇的是該如何實踐，才可以爲自己創造自我價值並帶來成功。古希臘哲學家亞里斯多德（Aristotle）在《尼各馬可倫理學》（*Nicomachean Ethics*）裡說的這段話，可以視爲是一盞提供解答的明燈：「所有人都在追尋一種目標：『成功或幸福』，而獲得成功的唯一途徑，是讓自己全心全意爲社會服務。首先，要有一個非常明確可行的理想——立定目標和意向；其次，要採取必要的方法以達成目標——運用智慧、金錢、資源和計畫；最後，要適時的調整方法直到理

為了不負市民及市長所託而每天日以繼夜努力工作

想實現。」（All men seek one goal: success or happiness. The only way to achieve true success is to express yourself completely in service to society. First, have a definite, clear, practical ideal–a goal, an objective. Second, have the necessary means to achieve your ends–wisdom, money, materials and methods. Third, adjust all your means to that end.）

創造自我價值也為他人創造價值

我回想自己當初投入公共服務工作的動機，除了創造自我價值，也希望可以同時幫助到社會上需要幫助的人，我的一些理想與工作實績，就是在這樣的想法之下實現完成的。像這樣的利他主義，聽起來可能太理想化，因此我不常主動向他人提及，然而，從先前企業界紛紛大力推動的企業社會責任（Corporate Social Responsibility, CSR），到成爲全球當代顯學的環境社會治理（Environmental, Social, Governance, ESG）在台灣產官學界引領發展趨勢、觸發永續行動的現象看來，這條道路上已有許多人參與和默默努力耕耘，並且累積了相當多的成果，讓社會可以共好共榮。

到台中濱海樂園會勘

創造自我價值，也為他人創造價值，讓我想到台中大安。記得我第一次走訪台中市大安區，不由自主的在心裡將台中市大安區和台北市大安區相比較，讓我驚訝的是，兩者的人文風貌與天然資源完全迥異，台中大安農耕土地面積占全區近八成，居民約一萬八千人，多以務農為主，且年輕人口外流嚴重，當我思忖著如何幫助台中的大安發展觀光時，大安當地居民卻有點難為情的跟我開玩笑說：「我們大安就是海線『風頭水尾』，不但交通建設不像市區四通八達，離都會也比較遠。」但我想著，越是需要幫助的地區，我們越應該想辦法為居民解決問題。

於是我和同仁盤點了在大安區轄管範圍和手上的資源，討論過後，決定辦理台中大安濱海旅服中心的營運移轉案（Operation-Transfer, OT）大力招商，重新打造大安濱海樂園品牌，為大安打造觀光亮點。在台中市觀光旅遊局和風景區管理所眾多同仁的努力之下，一邊辦理招商說明會，一邊以創意話題爲大安吸引目光，例如在大安旅服中心旁打造充滿童趣的大型積木貨櫃屋，吸引年輕族群及網紅前來露營打卡，在夏天辦理大安沙雕音樂季、秋天辦理風箏衝浪活動，以在地特色及網路宣傳爲大安成功導流數十萬遊客。經過不斷努力，最後大安旅服中心也招商成功，知名露營園區廠商正式和市府簽約進駐，打造出全台獨樹一幟的濱海豪華露營區，同時也爲大安帶來許多就業機會。這樣的好結果，爲大安區居民以觀光創造了循環經濟價值，同時也讓我和同仁創造自我價值。

頂住高壓不改其志

爲了吸引民間企業投資，政府單位會根據促參法辦理促參（促進民間參與公共建設）案，也就是爭取通稱的公私協力夥伴關係（Public-Private-Partnership, PPP）。除此之外，政府也可以透過委外營運的方式，重新活化公共建設，爲區域挹注包含資金、專業技術及創意在內的民間投資，引入經濟活水。例如現在十分受歡迎的台中市西區 Park2 草悟廣場，正是我率隊和同仁成功爭取的優質案例。二〇二〇年因經營台中草悟廣場已滿七年的原委外廠商無意繼續經營與投資，於是觀旅

上左：在台中大安濱海樂園興建童趣積木造型露營小屋
上右：和同仁會勘大甲鐵砧山露營區貨櫃屋完成情形
中：盧市長與團隊在台中大安沙雕音樂季活動現場
下左：台中大安濱海樂園OT案正式簽約記者會
下右：會勘大安沙雕音樂季沙雕完成進度

和勤美璞真文化藝術基金會執行長何承育在PARK2 草悟廣場一起合影

局依法重啟招商，當時的招商過程並不順利。我爲了協助推動專案進展，拜託同仁們持續強力宣傳招商資訊，同時擴大洽詢各界優質廠商，甚至由我親自率隊進行招商說明。經過同仁和我不斷努力耕耘，終於成功爲草悟廣場吸引到大型民間企業簽約投資，打造出永續共榮的樞紐型公共空間及商業設施。如今，草悟廣場因民間企業的用心經營而華麗轉身，再度成爲台中耀眼的觀光景點，並爲西區商圈及社區帶來可觀的觀光人潮及產值。

在辦理這個委外營運案時，專案本身的時程或法規流程繁瑣緊迫，同仁與我依法處理解決，遭遇到最大的困難阻礙，反而是來自某位議員，罔顧原廠商不願再投入資源優化經營的事實，也不肯聽取同仁的說明，在質詢時不分青紅皂白的扭曲這件委外營運案並不斷砲轟，甚至在輿論上傳達錯誤言論，使得我們的招商過程更加艱辛，成爲同仁和我的一大壓力來源。美國作家馬克·

到台中潭雅神綠園道
現勘工程前置作業

籌備舉辦大型活動期間日間會
議多，故經常批公文到深夜

為望高寮設計及打造亮點
裝置希望吸引更多遊客

吐溫（Mark Twain）有一句名言：「遠離那些試圖貶低你抱負的人，因爲格局小的人才總是會那樣做，眞正頂尖的傑出人士，會使你認爲你也可以締造卓越。」（Keep away from people who try to belittle your ambitions. Small people always do that, but the really great make you feel that you, too, can become great.）幸而當時同仁與我頂住了如此高壓，仍然堅持繼續完成這件專案，現在看來，的確是正確的選擇。

人生無法倒帶，對我而言，只要心中認爲正確的事情，無論前方的道路是否艱險困難，都會勇敢去做，遵循自己的心意以及人生哲學，爲自己創造自我價值，也努力爲他人創造價值。美國作家諾曼·皮爾（Norman Vincent Peale）說：「瞄準月亮。即使錯過了，你也將躋身於繁星之中。」（Shoot for the moon. Even if you miss, you'll land among the stars.）秉持這樣的想法，探索人生中無限的可能，無論結果爲何，即便躋身於繁星之中，也已是最美的收穫。

在市府市政會議宣傳元宵小提燈

花毯節的布置不但開花還結出豐碩果實，一如台中觀光

彩虹爺爺黃永阜為台中的觀光奉獻了無數的創意和心力

4.6

每個出口都是另一處的入口

「每個出口都是另一處的入口。」
———湯姆．史塔佩

現今社會、政治、經濟、文化和科技正在以前所未有的速度變化，不但不可預測、不穩定且高度不確定，這是管理大師彼得．杜拉克（Peter Drucker）在一九六九年出版的《不連續的時代》（*The Age of Discontinuity*）中所描述的社會變動寫照，在五十多年後的現在看起來，仍然非常貼近現實。二〇二三年的世界從新冠肺炎（Covid-19）疫情中復甦，天然資源短缺與氣候變遷更加劇烈，地緣政治態勢緊張，烏俄戰爭開打超過一年，經濟震盪造成通膨持續，而人工智慧（Artificial Intelligence; A.I.）的崛起，在未來幾年內可能取代許多人類工作。這個時代不但不連續，接連而來的疾病、戰爭、科技的發生與衝擊，以迅雷不及掩耳之勢重塑世界的樣貌，直接改變人的生活與工作形態。

如此不連續的時代，雖然仍應保持樂觀，卻恐怕很難再視其爲「充滿機會的時代」，畢竟此時此刻的社會，我們的競爭對手除了人，還多了機器人與人工智慧，學習新技能和上手的速度都必須夠快，才可以防止自己突然在工作職場上意外被「登出」。尤其重要的是，人生觀與價值觀的建立和強化，相較於工作職能而言困難許多，因此必須爲自己築起更穩固的心靈堡壘，在時移世易之時，冷靜沉著的面對人生中可能的突如其來和瞬息萬變。

每個出口都是另一處的入口

人生的豐富有趣之處，就是可以從不同角色中獲得體驗及收穫。當我在職場上扮演礦坑裡的金絲雀，爲其他人警醒問題、危險和不當行爲，我感受

到個人風險與孤獨。當我作爲組織高樓的避雷針，爲團隊抵擋危險能量，降低損害可能，我理解到雷電的強大威力與應對速度的重要性。當我學習小王子勤於爲星球掃除猴麵包樹的毒樹苗，並且日夜陪伴許多點燈人一起點燈與熄燈，我體會到如何把成功內化爲一種習慣，同時不讓失敗與黑暗沉入心底。

一次次的角色轉換，讓我不斷成長，而我發現，在每個出口與入口之間的轉場，似乎有難以言喻的奇特關聯性，而非完全是命運偶然。英國劇作家湯姆．史塔佩（Tom Stoppard）說：「每個出口都是另一處的入口。」（Every exit is an entrance somewhere else.）出與入都是人生必經的過程，如果不想迷路，必須從培養洞見思路的能力開始，並且憑藉勇氣與智慧爲自己定義人生，在每次走向出口時，順利的找到下一處的入口。

洞見思路

人因產生洞見而引發創新，使人類社會在各方面得以突飛猛進，不但學者都希望研究結果可發掘獨特洞見，企業界的領導管理者也不斷追求可幫助產生洞見的致勝思路。所謂的洞見，是能夠看穿在現象之下的事物本質，從中找到突破點與創新價值，洞見的產生必須藉由思考而來，而思考的目的是爲了理解知識概念，對人事物有所認知覺察，透過不斷反思而成長，使自己能夠更接近眞理。人在思考或行動時常因爲貪圖方便或流於習慣，難以擺脫路徑依賴，過度的路徑依賴甚至會自我強化，使人只注重感官表象，或被鎖定在過去的經驗中，如此一來，思路受到嚴重箝制，將阻礙洞見形成。

聞名遐邇的古希臘哲學家柏拉圖（Plato）在《理想國》（*The Republic*）一書中曾描述過一個發人深省的故事意象：有一群人從小到大被鎖鏈困在洞穴中生活，身體和手腳都被銬住無法動彈，只能面對著一堵堵石牆，他們每天注視關心著石牆上的陰影，卻看不見自己身後的火光。這群人不知道牆上看到的，是自己和同伴的影子，更分不清什麼是本體或表象，直到有人解開鎖鏈，引導他們走向光明，看見眞實的世界……。

這個充滿哲學意涵的故事，寓意是希望提醒人們在追求知識與智慧時，避免讓自己受限於幻覺與表象，而忽略追求眞實存在的客觀事實。因此，跳脫框架、避開盲點，學習如何洞見思路，可以啟迪智慧，有助於在生活或職場找到自己獨一無二的生存方式與競爭優勢。

在每次的活動藝術裝置都希望融入哲學教育意涵

定義自己

廣受喜愛的《愛麗絲夢遊仙境》寓言故事裡，有一個著名場景，當迷惘的愛麗絲開口向柴郡貓探問自己應該選擇走哪一條路，柴郡貓對愛麗絲說，這取決於你想去哪裡，愛麗絲一心想著只要能到達某個地方，而柴郡貓回答：「只要你走得夠久，就一定會到達的。」眞實人生何嘗不是如此，卽使是鞭策所用，道遠任重，只要清楚自身目標，堅定不移的往前走，總會有抵達終點的那一天。

每個人擁有的背景、個性、能力、興趣與資源不盡相同，檢視過去和現在，可以定位出自己的座標，再畫出自己希望位移的未來方向，就能投射出一幅清晰的人生軌跡圖，而後，透過目標與計畫，按部就班的實現心中夢想。人偶爾會因爲信心不足，沒有勇氣做出選擇，在有意無意間爲自己設限，在心上捆綁無形繩索，忽視自己的潛力和發展可能，隨著時間流逝也讓機會消散。然而就算是將一顆小石頭投入水中，也會激起水花和漣漪，人更不應該自己小看自己。愛爾蘭詩人王爾德（Oscar Wilde）曾說過：「我們都身在井隅，但我們當中，仍有人在仰望璀璨星空。」（We are all in the gutter, but some of us are looking at the stars.）

人生每一段旅程須由自己跨出步伐才得以啟程，只有起身行動，才能收穫沿途美景，即便未來充滿不確定性，也應該勇敢去探索人生百態，體驗生命無窮本質，品嚐酸甜苦辣鹹的生活滋味，在未知當中創造出更多可能，爲自己的生命帶來美好的改變。行有餘力時兼善天下，貢獻心力給社會上眞正需要幫助的人，贈人玫瑰，手留餘香，使良善的力量生生循環，擴大自己的人生價值。

人生的意義要由自己決定。行動會帶來力量，不妨現在就開始思考，該拿什麼來定義自己。

PEOPLE 496

洞見思路 定義自己：24個改變人生視角的體悟

作者　林筱淇
圖片提供　林筱淇
責任編輯　廖宜家
主編　謝翠鈺
企劃　陳玟利
美術編輯　劉秋筑
封面設計　兒日設計
董事長　趙政岷
出版者　時報文化出版企業股份有限公司
108019台北市和平西路三段二四〇號七樓
發行專線　(〇二)二三〇六六八四二
讀者服務專線　〇八〇〇二三一七〇五．(〇二)二三〇四七一〇三
讀者服務傳真　(〇二)二三〇四六八五八
郵撥　一九三四四七二四時報文化出版公司
信箱　一〇八九九　台北華江橋郵局第九九信箱
時報悅讀網　http://www.readingtimes.com.tw
法律顧問　理律法律事務所　陳長文律師、李念祖律師
印刷　勁達印刷有限公司
初版一刷　二〇二三年四月十三日
初版三刷　二〇二三年六月二日
定價　新台幣三八〇元

洞見思路 定義自己：24個改變人生視角的體悟/林筱淇著.
-- 初版. -- 臺北市：時報文化出版企業股份有限公司, 2023.04
面；　公分. --（People；496）
ISBN 978-626-353-628-9（平裝）

1.CST: 林筱淇　2.CST: 傳記

783.3886　　112003454

ISBN 978-626-353-628-9
Printed in Taiwan

時報文化出版公司成立於一九七五年，
並於一九九九年股票上櫃公開發行，於二〇〇八年脫離中時集團非屬旺中，
以「尊重智慧與創意的文化事業」為信念。